中小学教育高质量发展丛书

中小学现代化管理

新思维

丁进庄　著

ZHONGXIAOXUE
XIANDAIHUA GUANLI
XINSIWEI

中国言实出版社

图书在版编目(CIP)数据

中小学现代化管理新思维 / 丁进庄著. -- 北京：
中国言实出版社，2023.5
ISBN 978-7-5171-4458-8

Ⅰ.①中… Ⅱ.①丁… Ⅲ.①中小学—学校管理
Ⅳ.①G637

中国国家版本馆CIP数据核字（2023）第069284号

中小学现代化管理新思维

责任编辑：张天杨
责任校对：王建玲

出版发行：中国言实出版社
地　　址：北京市朝阳区北苑路180号加利大厦5号楼105室
邮　　编：100101
编辑部：北京市海淀区花园路6号院B座6层
邮　　编：100088
电　　话：010-64924853（总编室）　010-64924716（发行部）
网　　址：www.zgyscbs.cn　电子邮箱：zgyscbs@263.net

经　　销：新华书店
印　　刷：北京中科印刷有限公司
版　　次：2024年3月第1版　　2024年3月第1次印刷
规　　格：710毫米×1000毫米　　1/16　　18印张
字　　数：180千字

定　　价：58.00元
书　　号：ISBN 978-7-5171-4458-8

推进教育高质量发展，服务中国式现代化建设

党的二十大报告提出，"加快建设高质量教育体系，发展素质教育，促进教育公平"。习近平总书记在中共中央政治局第五次集体学习时强调，要坚持把高质量发展作为各级各类教育的生命线，加快建设高质量教育体系。建设教育强国，基点在基础教育。基础教育搞得越扎实，教育强国建设步伐就越稳、后劲就越足。

新中国成立以来，在党的坚强领导下，教育的基础性、先导性、全局性地位更加突出，中国教育面貌焕然一新，基本实现了全面普及，教育发展水平已经进入了世界中上行列，这对我们这个人口众多的发展中国家而言，是非常了不起的成就。进入新的时代，教育主要矛盾已经发生转化，公平与质量问题凸显，人民群众对高质量教育的需求日渐迫切，而优质教育资源供给短缺且发展不平衡不充分。面向未来，中国教育发展方式需要从以规模扩张和空间拓展为特征的外延式发展，转变为以提高质量和优化结构为核心的内涵式发展，拓展优质教育资源覆盖面，提高人才培养质量和办学水平，满足社会公众对于优质教育资源的选择性需求，服务中国式现代化

建设，引领实现中华民族伟大复兴的中国梦。这就需要广大中小学转变教育理念，深化课程改革，改变育人方式，创新治理体系，扎实提升教育质量。

中国言实出版社推出《中小学教育高质量发展丛书》，基于中国式现代化对教育高质量发展科学内涵和内在要求的深刻认识，立足于基层学校在生动的教育教学实践中创造和积累的成功经验，去粗取精，去伪存真，从中凝练出高质量教学、现代化治理、全面育人体系等核心要素，既在理论上揭示和阐述了中小学高质量发展的本质规律，又在实践上探索和总结了中小学高质量发展的实施路径，力求回答"如何以教育高质量发展，服务中国式现代化建设"这一时代课题，也为中小学教育高质量发展提供了可资借鉴的样态。丛书的出版，将对引领中小学更新教育思想观念和营造优良学校文化，提高教育教学质量和改善治理效能，构建全面育人新体系，实现学校高质量发展起到重要的参考作用。

本丛书的作者丁进庄是一名在基础教育战线深耕三十余年的校长。该同志从我国基层学校起步，先后在多省市、多学校担任过校长、书记，治理过不同类型、不同性质的学校，后又在教育部等多部门进行过锻炼，具有丰富的教育实践经验、一定的理论水平和政策水平。他几十年如一日，把"心有大我、至诚报国的理想信念，言为士则、行为世范的道德情操，启智润心、因材施教的育人智慧，勤学笃行、求是创新的躬耕态度，乐教爱生、甘于奉献的仁爱之心，胸怀天下、以文化人的弘道追求"的教育家精神作为自己的毕生追求，主动适应中国经济社会发展带来的教育形态的变革，不断深化教育教学改革，着力提升育人质量，取得了显著的办学成绩。

路虽远，行则将至；事虽难，做则必成。基础教育高质量发展的根本出路是办好每一所学校，每一所学校办好了，基础教育就会踏上高质量发展之路。我期待这套丛书早日问世，期待丛书提出的高质量学校发展新局面的蓝图早日达成，办好让人民满意的教育，让每一名学子都能享受更加优质的教育。

是为序。

国家教育咨询委员会委员，国务院教育督导委员会总督学顾问

北京师范大学原校长、中国教育学会原会长

2023 年 12 月

总前言

1993年夏天，当我背着行囊，风尘仆仆地到中国中部的一个偏僻乡村中学报到时，我没有想到我能当校长，更没有想到今天能站在首都回望来时的路。2023年是我从教三十周年，三十年来我从中国最基层的乡村学校到教育部，走完了一名教师完整的历程。这些年来，岗位在变、单位在变、职务在变，唯一不变的是深厚的教育情怀、深刻的教育思考和对教育本质不懈的追求。

萌发著作这一套书的决心源于2020年初暴发的新冠疫情。这场突如其来的疫情给教育教学工作带来了巨大的挑战，学校经受着"停课不停学""离校不离教"和"线上线下不断转换"的考验，在基础教育战线广大同人的共同努力下，我们交上了一份合格的答卷。但同时，也暴露出中小学长期存在的教育理念落后、教学方法陈旧、学生学习能力不足、教学质量不高等问题。如何把教育政策、教育理论变成学校生动的实践，如何把萌发于、植根于基层的教育实践变成可复制、可操作、可推广的变革力量，如何遵循教育规律、人的成长规律，合理地、系统地配置教育资源，提高教育教学质量，已经成为当代教育政策制定者、教育管理者、理论工作者和第一线的校长、教师绕不开、回避不了、必须回答的时代问卷。基于这样的考虑，2021 年夏天，我开始着手写作《中小学高质量教学新策略》《中小学现代化管理新思维》《中小学全面育人新方法》和《让梦想照进现实》系列丛书，期望以解决基础教育存在的最紧迫、最重要的现实问题为导向，把理论学习、经验总结、问题研究结合起来，把政策依据、理论基础和实践操作结合起来，围绕学校高质量教学、现代化管理、全面育人、个人成长等四个方面，解决好教育理念、思想认识、内容结构、方法途径、保障措施等问题，着力提高学校管理者办学治校能力、教师教书育人水平，使一线的教育工作者既能掌握理论、澄清认识，又能运用操作，不断提高教育教学的质量和效益。本套书呈现以下"三新"特点。

一是"新"在响应新时代的呼唤。我们所处的时代，是中国特色社会主义新时代，这个时代是中国基础教育大踏步赶上世界先进水平，从"跟跑"到"并跑"，并将"领跑"世界教育发展的时代；是教育事业快速发展，呼唤教育创新的时代；是教育工作者舞台不断扩大、大有作为的时代。我们这一代教师生逢伟大的时代，既是幸运的，更感责任重大。三十年来，我到过中国很多学校，一些还是当地的名校，学校管理者大多能说出我在"干什么"、我"怎么干"，却说不出"为什么干"、"这样干"最核心的东西是什么；有的领导自己说得头头是道，教师该怎么干还怎么干，你说你的我干我的；有的学校看似"轰轰烈烈"搞课改，实际是"照抄照搬"地机械模仿，脱离了学校实际情况，教师意见很大，效果很差，导致"人走政亡"或"雨过地皮湿"……实践告诉我们，缺乏总结和提炼，不能把实践做法上升到本质规律的教育教学改革，注定是走不远的。在进入知天命之年，经历了人生风风雨雨和中国基础教育沧海桑田巨变后，我觉得需要写点什么，梳理、总结、凝练逐渐成熟的教育理念和办学思想、丰富的教育教学及学校管理经验、沉淀的教育理论与实践创新成果，期望和有志于教育改革与发展的同人进行分享、研讨，和大家一起立足于中华民族千秋伟业，站在基础教育改革发展的前列，勇于开拓，不断创新，积极实践，传播先进教育思想，探索建立现代化高质量的教育教学范式，实施推进育人方式改革，这不仅是时代的期望，也是作为一个教育工作者的毕生追求。

二是"新"在立足人民群众的需要。千秋基业，教育为本。教育是国之大计、党之大计，是关系中华民族伟大复兴千秋伟业和第二个百年奋斗目标能否顺利实现的基础性工程。三十年来，我参加了无数次的培训、参观了上百所学校、考察了十几个国家的教育，毫不夸张地说，我们已经建成世界上最大规模的基础教育体系，几千年来第一次解决了人民群众对"有学上"的美好向往和公平的价值追求。作为教育的亲历者，在这一点上，我们还是有基本共识和充分自信的。但同时，也应该看到社会的主要矛盾已经转变为人民日益增长的美好生活需要和不平衡不充分的发展之间的矛盾，人民群众对"上好学"的需求日益强烈，迫切需要我们进一步深化教育教学改革，办好老百姓家门口的每一所学校、上好每一堂课、育好每一个人，培养学生终身发展和社会发展需要的必备品格与关键能力，全面提高办学质量和办学效益，让每个学生都有人生出彩的机会，这是我们这一代教育工作者神圣的责任和光荣的使命。在多年的教育实践和研究中，我深切地认识到，由于教育教学工作内容的复杂性、对象的成长性、教师水平的差异性、教学效果的不确定性，很难有一种方法能"包治百病"，很难有一种模式能解决所有问题，但可以肯定的是，以牺牲学生身心健康为代价"唯分数""唯升学率"的不科学的教育价值取向必须改变，"一刀切""生产线"的落后的教学方法、低效的课堂教学、单一的评价考核方式必须改变，学生不合理的过重学业负担必须减下来，教育教学质量必须提上来。为达成此目的，我在撰写本套书时，力求以"四新"解决好"四个问题"，即用新的理念解决好新课程、新课标、新教材、新考试和优秀的传统教育教学方法相结合的认识问题，用新的高度解决好教育理论和教育规律结合的实践问题，用新的系统解决好教师的"教"和学生的"学"相结合的方法问题，用新的逻辑解决好教育教学过程和学生发展结果相结合的效率问题，推动学校真正落实培根铸魂、启智润心，满足学生全面而有个性的发展需求。

三是"新"在基于学校实践的实证研究。新中国成立以来，我国基础教育事业发展迅速，为社会各行各业输送了亿万劳动者和优秀人才，也形成了一大批教育理念先进、办学基础较好、社会声誉较高的学校。但研究这些学校的论著，我们可以看到，个别是基于学校做法、教师感悟的编著或"流水账""碎片化"的实践描述，缺乏对教育规律的深入研究和探讨，只见实践起点，不见理论起点、逻辑起点，导致很有价值的学校实践经验不可复制、不可推广，形成"为出书而出书"或者"出仅供自己看的书"现象。个别人写的教育专著，一些是侧重政策、理论、框架，太宏观、太空泛、不具体，理论意义、政策意义大于实践意义，即使有实践的内容也大多以案例形式出现，缺乏对学校实际情况的研究，缺乏长周期的实证验证，缺乏可操作性、可行性。其中，个别文章不是"八股文"，就是"复读机"，既解释不了现实，也指导不了现实和未来。我认为"研究"必须基于长期的学校实践，经过"去伪存真"的检验、"去粗取精"的发现、"透过现象找本质"的升华，这才是教育思想的深入和完善，才是教育理论的丰富和发展，才是学校教育变革的真正力量。本套书立足新时代，面对新形势，既从理论和政策上解决教育教学"为什么"的问题，也从实践和操作上解决"怎么办"的问题，较好地回答了学校办学治校能力强不强、教书育人体系全不全、落地实施行不行、实践效果好不好、教育教学质量高不高等问题。

这世上有好多东西，一定要等到一定的年龄才能看得见，要拥有一定的智慧才能看得见。三十年来，我完全可以处于人生的舒适区，做一个守成的教育者，过一种滋润的生活。但我希望不断挑战自己的人生极限，喜欢一直在路上追寻理想的感觉，过一种波澜壮阔的教育生活，为此我义无反顾，自加压力、超越自我，一直在奔跑。

《中小学高质量教学新策略》《中小学现代化管理新思维》《中小学全面育人新方法》《让梦想照进现实》是一个整体，把这四本书对照阅读并进行研究，就会更全面、更具体地了解我的教育思想形成的背景和过程，了解其精髓、内涵、价值和意义。

在此，向在我成长过程中长期关心、关怀、指导、帮助我的领导、老师表示衷心感谢！向三十年来一直和我同向、同行，潜心研究和实践的同事表示衷心感谢！

由于时间紧促，水平有限，如有错误和疏漏，欢迎批评指正。

丁进庄

2023 年 12 月于北京

前　言

　　加快推进教育现代化是新时代教育发展的核心战略主题，实现学校现代化是教育现代化的关键路径，现代化管理是学校现代化的重要内容和基础。

　　回顾新中国成立以来中小学发展历程可以看出，学校现代化的管理与中国教育现代化同向同行、相伴而生、深层互动，经历了一个由发生到发展、由低水平到高水平的历史过程。当前，新一轮科技革命和产业变革突飞猛进，教育和经济社会发展加速渗透融合，学校的教育理念、发展方式、治理模式、领导体制、资源配置等正在发生深刻的变化，迫切需要学校以管理现代化支持学校现代化，再以学校现代化支撑教育现代化，这是本书的逻辑起点。教育是上层建筑，学校是教育的重要载体，学校要以马克思主义哲学观、方法论为指导，顺应时代发展要求，吸收国内外先进经验，遵循学校发展的基本规律，深刻认识和理解学校现代化管理的内涵，全面把握学校现代化管理的时代背景、主要内容，为学校现代化发展提供可参考的顶层设计，这是本书的理论起点。作者在总结多年生动、丰富、深刻的实践经验基础上，坚持守正创新的原则，以高度的理论自觉和实践自觉把理论与实践、普及与提高、实验与推广、内涵和外延结合起来，精准解决其关键技术，为实现学校现代化管理提供可模仿、可复制的基本路径，这是本书的实践起点。

没有"一成不变"的时代，也没有"完全照搬"的经验，本书希望能站在现实需要与未来发展的结合点上，展望教育现代化的未来趋势，为中小学的管理者提供一个现代化管理范式，解决一些学校在高质量发展中遇到的管理问题，为教育战线的同行提供一点启示、一点帮助、一点参考，推动学校实现管理变革、动能变革、效率变革、质量变革，为实现教育现代化作出符合中国教育实际和时代发展要求的正确回答。

丁进庄

2023 年 12 月于北京

目　录

第一章　现代化学校开展诊断评估新思维

当前，我国进入中国特色社会主义新时代，教育进入高质量发展新阶段，人民群众日益增长的对教育的美好需求日益迫切，办好老百姓家门口每一所学校，加快学校现代化建设步伐，实现学校内涵发展已经成为必然趋势。在长期的办学实践中，很多学校对学校优势和存在的问题、不足，仅仅停留在感性认识上，没有从现代化的高度认识到学校诊断评估的重要性，更没有从科学的角度进行研究，导致学校发展陷于盲目、茫然、忙乱之中，影响了学校办学效果和可持续发展。现代化学校的诊断评估具有诊断、导向、激励和调节作用，中小学要高度重视诊断评估工作，把它作为办学治校的起点，摆在学校发展重要位置上，以精准发现并解决学校存在的问题，从而引领学校高质量发展。

第一节　现代化学校诊断评估的原则

诊断评估是学校现代化发展的重要技术，诊断评估结果的客观性、全面性、系统性、精准性直接关系学校现代化发展目标能否实现，因此，在评估诊断时要遵循一定的原则，对标国家、区域教育发展的目标、任务、工程、要求，运用针对性、专业性和科学性的诊断评估指标体系和现代化诊断评估工具，对学校发展实际状况、取得成绩、存在问题进行诊断评估，明确学校发展定位和提升方向，以引领学校发展和现代化学校建设。

一、宏观形势和现实需要结合

学校诊断评估要站在新的历史方位，面向国家发展战略，从当地经济社会和教育发展现实出发，遵循教育发展规律，准确定位，统筹谋划，远近结合。从时代发展看，我国已经全面建成小康社会，顺利实现了第一个百年奋斗目标，正处于迈向第二个奋斗目标、实现中华民族伟大复兴的第二个百年奋斗目标的交汇期，教育的基础性、先导性、全局性地位和作用更加凸显。进入新时代，党和国家高度关注基础教育事业，围绕"为谁培养人、培养什么样的人、怎样培养人"的问题，对义务教育、高中教育、教师队伍建设、教育评价、激发办学活力、减轻学业负担等教育的重大领域、重大问题进行了顶层设计、系统谋划，做出了一系列部署，出台了一系列文件，提出了一系列新目标、新要求。学校在做诊断评估时，要对标党的教育方针，围绕落实立德树人的教育根本任务，贯彻新时代教育改革发展的新理念、新精神、新要求，认真检视办学治校中存在的问题和不足，为学校的现代化发展找到根本遵循和依据。

二、聚焦重点和系统推进结合

学校诊断评估要准确把握学校发展阶段和教育发展阶段性特征，瞄准关键环节、重点领域，对标现代化发展目标，精准诊断。从全球来看，新一轮科技革命和产业革命正在孕育兴起，重大科技创新正在引领社会生产新变革，互联网、人工智能等新技术的发展正在不断重塑教育形态，知识获取方式和传授方式、教和学关系正在发生深刻变革。学校在做诊断评估时，必须站在新的历史起点，面向2035年，将学校现代化的最新理念和技术融合到人才培养的各个环节，为形成充满活力、富有效率、更加开放、有利于高质量发展的教育体制机制提供依据，真正培养出有能力、面向未来的下一代。

三、问题导向和精准施策结合

学校诊断评估要聚焦社会关注和人民群众关切的突出问题，充分考虑学校的实际和特定性，立足于特定的问题、特定的时间、特定的空间和特殊的资源，着眼于学校综合改革，破除体制机制障碍，增强发展动能。学校教育承载着区域内人民群众对美好生活的向往和追求，关系着全面建成小康社会"成色"，关系着每个孩子的未来和每个家庭的幸福。学校诊断评估要根据学校所处地域教育发展特点、学校发展水平和人文环境、资源条件等实际情况，在总结过去已有经验的基础上，充分了解当地人民群众的多样化需求，科学制定合理的发展目标，进一步明确学校战略定位，锚定学校改革方向，办好人民满意的高质量教育。

四、细化目标和分步推进结合

学校诊断评估最终将落实到教育能力提升上，教育能力提升最终要落实到实施上，研究结果能不能实行，实施后取得的效果是检验研究工作的一个重要指标。诊断评估要科学设计指标体系，细化不同阶段的目标和重点任务，有计划、有步骤地推进。学校诊断评估要对标国家教育发展战略要求、学校建设标准和区域特色教育服务需求，坚持创新引领，以新机制、新模式、新技术、新手段提升教育发展水平，同时，又要脚踏实地，按照可实施、可操作、可监测、可评估的原则，制定时间表、路线图，指导推进学校现代化发展。

第二节　现代化学校诊断评估的内容

学校的诊断评估要坚持以学校高质量发展为中心，基于学校发展的目标定位，遵循教育规律，依据国家教育方针、政策规定，结合实际，客观评估办学效果，精准找到"硬件"短板和"软件"不足，促进学校现代化建设和内涵提升。诊断评估主要包含以下内容。

一、学校基本情况诊断评估

（一）办学条件

包括但不限于区域面积、总人口、学校数量、规划与布局、办学条件、建设标准、教学设施设备配置情况等；师资配置、学校规模、班级数量、学生人数、班额状况、生师比、班师比、经费保障情况等；学校教师办公室、图书馆（室）、实验室、功能教室，以及保障学生安全与健康的基本设施和设备管理使用情况等；校园绿化、美化情况，以及有效利用空间和墙面，建设生态校园、文化校园，发挥环境育人功能情况等。

（二）办学方向

包括但不限于贯彻党的教育方针、落实立德树人根本任务、党组织的领导、思政课建设、双减政策情况和义务教育提升质量、普通高中多样化特色发展、德智体美劳全面发展、综合素质评价等教育政策落实情况；开展爱国主义教育、理想信念教育、优秀传统文化教育、公民道德教育、公民意识教育、生态文明教育、心理健康教育以及践行社会主义核心价值观等德育教育情况；开展体育健康、劳动教育、美育教育等情况；教育理念、育人目标、办学特色、发展规划等情况。

（三）信息化水平

包括但不限于互联网接入率、无线网络建设情况、多媒体教室比例、每100名学生拥有计算机台数、师生网络学习空间开通数量、各类新型教室数量等学校信息化、智能化环境建设情况；教育信息化治理方式、学校信息化水平和师生信息素养、信息化组织形式和管理模式变革等信息化教育服务业态情况；学校信息化教学资源建设、信息技术与教学深度融合程度、信息技术在教学、管理、学习、评价、服务等信息化应用情况。

二、学校治理能力诊断评估

（一）治理能力

包括但不限于学校办学模式、机构设置、干部选任、议事决策机制、民主监督机制、沟通协商机制、执行落实机制等治理结构情况；办学基本规范和标准、质量保障体系、依法治教、教育标准、信息化服务、督导评价等治理能力建设情况；学校校章、管理制度与办事程序、内部机构组织规则和议事规则、人事管理制度、考核评价机制、薪酬分配机制、后勤保障机制、安全与健康管理制度等现代学校制度建设情况；财政资金、教育经费、生均拨款等经费投入机制情况。

（二）服务能力

包括但不限于学校配套建筑设施、教育技术装备、后勤保障设备及运行维护机制等情况；社区、家长对学校管理和服务、教学质量、教师队伍、学生教育等方面的需求情况；学生、教师与国内外优质教育资源交流内容、方式、效果等合作交流情况；家庭教育资源、家长教育指导、家庭教育方法、家风教育等家校协同机制建设情况；校外教育资源分布和使用、校内外教育融合发展的体制机制、社会资源开发配置政策、与高校和科研院所协同培养人才开展情况等。

（三）人才队伍

包括但不限于师资配置、编制及岗位管理、教师聘任、职称评聘、晋岗晋级、考核评价、薪酬分配、选拔任用、交流轮岗等教师管理情况；教师队伍年龄、性别、学历、学科等结构情况；教师思想政治素质、师德师风建设、专业知识、专业能力、职业认知等教师发展情况；教师自修、研修、教研、培训、交流等校本研修情况；学生学业成绩、综合素质、学习习惯、学习能力等育人效果情况。

三、学校教学质量诊断评估

（一）教学质量

包括但不限于生源结构、招生方式、招生数量、升学方式、中高考成绩等学生加工能力情况；教学理念、教学计划、教学目标、集体备课、课堂效率、教学方法、课后辅导、作业管理、考试测评、课后服务等常规教学开展情况；互动式、启发式、探究式、体验式、合作式、参与式、项目式、单元式等学习方式变革情况；选课走班制、学生发展指导、学生减负、考试分析、教学改进等教学组织情况；学生学业质量标准及评价、学校质量标准及评估监测机制、体质健康标准及检测、学校内部质量控制机制等评价监测情况。

（二）教学研究

包括但不限于教研机构设置、教研人员选拔任用、教研工作职责、教研制度等教研管理情况；备课、听课、评课、作业、辅导、学习、培训、活动组织、课题研究等教研落实情况；大单元备课、主题式教研、跨年级教研、跨学科教研、线上教研等教研实施情况；教研开展效果、教研质量、教师发展情况等考核评价情况。

（三）课程建设

包括但不限于国家课程、综合实践活动课程、学校特色课程体系建设情况；课程目标、课程内容、课程计划、课时安排、师资队伍、教材使用、资源建设、课程评价等课程实施情况；组织领导、推进机制、督导评价等课程管理情况；学段纵向衔接、学科横向融合等课程特色情况。

第三节　现代化学校诊断评估的方法

学校诊断评估就像"体检"，要全面考虑学校发展中各种关联因素，不放过任何一个可能存在"病灶"的地方。因此，在诊断评估时，要明确评估对象，动员和其相关主体全面参与评估，研发诊断评估工具，运用现代诊断评估技术，建构科学的、多元的诊断评估方法。

一、全员参与

学校的诊断评估要在诊断评估对象、时间安排、指标体系、评估流程、过程组织等方面与各部门进行充分协商、共同设计，充分考虑评估利益相关者的多元价值取向和诉求。要突出学校各部门、各干部、各教师诊断评估的主体地位，改变被评估对象的任务驱动、被动应付心理，充分激活诊断评估的内在动力，确保与评估有利益关系的人都要积极参与评估，让评估对象充分表达自己的观点。要积极鼓励政府部门、上级主管部门、社区组织、家长、学生等有关部门和人员参与，关注各方价值立场，尊重各方面利益相关者的意愿，保障他们在评估中的知情权、参与权、发言权。

二、达成共识

诊断评估必须建立在实事求是的基础上，这个过程不能"讳疾忌医"，否则就不能"对症下药"，更不能做到"药到病除"。诊断评估时要坚持在和谐、自然情境状态下，把诊断评估的过程变成凝聚全校共识的过程。从学校各部门自评报告的构思、撰写、完善、审阅、评议到访谈座谈、现场考察、实地调研，都要始终融入各方交流和反馈，不断地聚焦、修正、凝练，找准学校自身的定位与特色、存在的问题与不足、今后的改进措施及发展方向，最终达成关于学校办学质量、现存问题以及改进建议等方面的"共识"。

三、明确步骤

诊断评估工作一般分为明确诊断评估目标、研制诊断评估指标、研发诊断评估工具、制订诊断评估方案、开展诊断评估实施、反馈诊断评估结果、指导改进学校工作等七个步骤。学校要根据新时代教育改革发展面临的新形势、新要求、新挑战，按照国家相关办学标准，结合学校发展核心需求和定位，围绕"现代化、高质量、多样化"等核心要素构建切合学校实际的评估目标。诊断评估指标要组建研究团队，收集研判背景资料，针对学校面临的战略性、紧迫性和师生关心的问题，制定能客观反映出学校存在的薄弱环节、重点难点问题和体制机制障碍的指标体系。诊断评估工具分线下和线上两种，线下主要是拟定各部门自我评估的清单和标准、学校实地调研的内容和观察点、谈话和座谈会提纲，线上主要是编制各项问卷、明确采集的对象、制定大数据算法等。诊断评估方案要明确诊断评估的日程安排、人员分工、内容重点、报告提纲、工作方法等，以协调各方，形成合力确保诊断评估的科学性、规范性。诊断评估专业人员要按照诊断评估方案，逐步实施，及时撰写评估报告。诊断评估后，要针对发现的问题，及时向各部门反馈，指导改进学校工作、提高服务水平、优化资源配置、加强队伍建设、保障经费投入，推动学校高质量发展。

四、掌握技术

对学校基本情况的诊断评估主要通过查阅资料、分析学校基础数据和座谈、考察等方法，对比学校和先进学校、区域之间差距，对比学校近五年发展变化情况，查找存在的问题。对学校治理能力的诊断评估主要通过线下访谈、线上调查等方法，通过无记名问卷调查和对教师、干部、家长、社区、管理部门访谈，调研分析相关利益群体对学校现状评价和现实需求，查找治理体系存在的问题。对教学质量诊断评估主要通过深入学校、教研组、年级组、班级，开展课堂听课、校园观察、师生访谈等方法，了解学校管理、师资、教学、质量、课程、服务等方面信息及问题，查找主要差距。

第四节　现代化学校诊断评估的程序

学校诊断评估是锻炼人才、锤炼团队的机会，也是梳理办学过程、提高办学水平的机会，还是总结过去、创新未来的机会，学校要严格遵循评估程序，精心谋划，稳步实施，通过评估促进学校高质量发展。

一、诊断评估前

主要是做好诊断评估准备工作。收集、整理、分析党和国家、各级教育行政部门出台的各项教育改革政策、文件的文本资料，以及学校基础数据、发展规划和研究报告、规章制度、重要文件、工作计划、工作总结等背景资料，对学校办学条件、治理体系、教师队伍、教育质量、资源配置、服务保障等方面进行目标初判，制定诊断评估目标、任务、方案，研制诊断评估指标体系。研制开发诊断评估网络平台和大数据分析模型，编制座谈提纲、调查问卷等初稿。与各部门相关负责人进行沟通，进一步理清工作思路，明确评估方向、评估对象、评估方式、评估内容，商定评估工作进度安排、时间节点等，最终形成较为科学、可行的诊断评估实施方案。

二、诊断评估中

主要是落实诊断评估方案，组织诊断评估的实施。学校要组织召开诊断评估动员会，统一思想认识，明确责任分工，把握时间进度，解读评估指标，培训评估工具使用，部署好诊断评估工作。组织学校行政、教学、德育、总务、教师发展、科研、课程、督导评价等部门进行自评，主要了解学校管理、人事、评价、分配、师资队伍、办学条件、教学质量、育人成效等方面发展情况。组织学校校级领导、中层干部、教研组长、年级组长、教师个别访谈或座谈会，认真分析研判学校办学现状、发展水平、存在的问题和差距，组织上级主管部门、社区领导、家长、学生座谈会，理清学校布局、人才培养方向、教育资源供给、学校周边环境、教学质量等发展需求。开展线上问卷调查和数据分析，印证学校发展中关键性、全局性、紧迫性的办学条件，教师结构、考核评价、薪酬分配、学校管理、育人目标等问题的现状以及存在的差距。组织诊断评估的专家组召开分析研讨会，撰写诊断评估报告初稿，经各部门讨论修改完善后，形成诊断评估报告定稿。

三、诊断评估后

主要是反馈诊断评估结果，持续改进学校工作。组织评估诊断结果反馈交流会，反馈诊断评估结果，指出存在的问题和原因，明确改进的标准和指标，制定改进的措施和时限，明确责任部门和责任人，做到有标可依、有据可循、有路可走，数据翔实、逻辑清晰、论证充分。建立行之有效的改进机制和自查机制，严格日常改进体系，定期检查诊断评估改进工作进展，评估阶段性成效，及时解决关键问题，保证各项改进任务的顺利实施。

第五节　现代化学校诊断评估的保障

学校诊断评估是伴随现代化学校建设兴起的一项新的技术，需要学校高度重视，全员、全过程、全方位做好保障工作，为高质量有序推进诊断评估工作奠定坚实基础。

一、组建诊断评估专家组

学校要组建以校长为组长的诊断评估小组，围绕诊断评估所需的具体任务和关键指标，遴选具有掌握国家宏观基础教育政策的理论水平，具有较丰富的教育、教学、管理等方面实践经验，熟悉信息技术和数据整理分析能力的学校内部干部教师或外部专家学者，组成诊断评估委员会。委员会要遵守工作纪律，发挥各自优势，加强联系，互相配合，形成有机的整体，积极开展合作研究和技术攻关，共同解决关键问题，提出客观、科学、有效且可具体操作的方案建议，按时完成工作任务。

二、进行科学有效的管理

建立行之有效的管理机制和自查机制，遵循负责人负责制，严格日常管理体系，把握时间先后的逻辑性，统筹协调各方资源，加强成员沟通、合作。建立行之有效的监督保障机制，对实施中面临的环境、风险和条件进行预先的判断与评估，及时发现需要纠正的问题，在思路、政策和策略上提出改进方案，每个阶段及时组织论证和评估，对于预期任务目标达成、实施成效、主要成就、主要经验和存在问题进行全面整体评估，确保工作的效率和质量。

三、确保诊断评估的质量

学校要对评估报告进行充分论证和验收，确保评估诊断报告的科学性、可行性、规范性。引进第三方评审的方式进行论证和验收，对于依据不权威、问题找不准、归因不正确、措施不具体等达不到评估诊断目的报告要重新进行修订和完善，避免用错误的诊断评估报告来指导学校实践行动，这样不但达不到评估诊断的目的，而且会影响和损害学校发展大局。

总之，现代化学校的诊断评估是促进中小学高质量发展，提高办学水平的内在要求和重要手段，对于学校内涵发展起着重要推动作用，中小学校要进一步转变观念，坚持以评促建、以评促改、评建结合，进一步聚焦办学存在的问题，进一步凝聚办学合力，全面提高办学效益。

第二章　现代化学校制定发展规划新思维

凡事预则立，不预则废。学校要发展首先就要依据国家改革重大政策，立足区域、学校教育实际，总结归纳学校发展中先进经验，在现代化诊断评估的基础上，以科学决策、民主决策为逻辑起点和价值追求，围绕"我是谁""我从哪里来""我现在在哪里""我要到哪里去""我要干什么""我要怎么干""我要达到什么效果"等问题，做好学校发展的使命、目标、方向、手段、方式、阶段以及效益等全局性、长远性、战略性的整体谋划、顶层设计和路径安排，用以指导、引领、控制学校选择最佳的行动过程、最科学的发展方法、最合理的资源配置方案，实现最好的发展目标。面对新时代的新变化、新趋势、新发展，学校发展规划日益成为现代化学校治理的重要内容、学校教育教学改革的重要思想根基和解决自身问题、促进学校高质量发展的有效工具。学校要深刻认识制定学校发展规划的重要意义，明确规划内容，掌握制定的方法，保障规划实施，克服规划可有可无、脱离实际、炒作概念、不按照既定规划发展等误区，引领学校科学发展、规范发展、高效发展。

第一节　学校发展规划的重要意义

做好学校三年或五年的发展规划并有效落实，是学校可持续、健康发展的重要体现，也是教师专业发展、学生发展的现实需要。制定好科学的学校发展规划，实现管理方式更新、推动学校内部治理结构完善对办学治校、办好人民满意的教育意义重大。

一、发展规划是把握学校发展方向的重要手段

学校发展规划是站在全局与未来角度，对学校未来三年或五年发展全局性、长远性和战略性的战略决策和整体谋划行为，是解决学校科学发展、规范发展、可持续发展、高质量发展问题的一种有效工具，是学校预测能力、决策能力、规划能力、执行能力和评估能力的全面提升。一个学校只有对未来预测科学、判断准确、谋划得当、措施得力，才能抓住学校发展中根本性问题，改变学校发展的盲目性、滞后性、低效性、高耗性，赢得发展的战略主动权。特别是随着国家治理体系和治理能力现代化，政府大力简政放权，学校办学自主权不断得到落实，以前学校发展不需要规划，只用服从上级安排就能办学的时代一去不复返。学校不再是埋头干活的"施工队"，而日益成为学校发展蓝图的"设计师"；学校不仅要知道"我在哪儿"，更要知道"我要到哪儿去""我如何到达那个地方""如何更快地到达那个地方"。因此，学校规划对于抢抓战略机遇、破解学校发展难题、实现学校发展目标具有重要意义。

二、发展规划是提高学校发展质量的重要依据

当前，我国基础教育正在从满足人民群众"有学上"的"量"向"上好学"的"质"转变的关键时期，办好老百姓家门口每一所学校已经成为新时代对基础教育的必然要求。学校规划是个过程、是个方案、是个设计图，围绕高质量发展的核心问题，制定科学合理的学校各项发展目标，系统设计反映学校高质量变化的指标体系，分析和总结影响高质量发展短板和劣势，提出教育资源配置的优化和引入方案，明确学校发展的路线图、施工图，能够将学校高质量发展的影响要素落实到具体的领域、时间、空间上，发挥政策集成优势，形成牵引力和约束力，加快实现教育理念与模式创新，推动学校教育教学改革，高效地提升教育质量和学校发展水平。

三、发展规划是凝聚学校发展共识的重要抓手

我国地域广阔，不同地域发展不均衡，学校发展差异也较大，优质均衡还有较长的路要走，这是中国国情和学校客观发展现实。但我们必须清醒地看到，基础教育具有强烈的公平性、公益性，教育的不均衡和差异的继续扩大将导致教育利益的严重冲突，激化公平与效率之间的矛盾，降低教育资源的使用效率，造成教育资源的短缺与浪费，会严重影响小康社会的成色，影响人民群众美好生活的实际获得感。学校要正视这些问题，把学校规模、结构及人才培养的数量、质量和规格等要素与学校实际和区域发展水平相适应，把治理体系建设、管理方式改革、师资队伍建设、教学方式改进、

育人体系构建、多样化课程打造和信息技术应用等要素通盘考虑，通过制定发展规划来动员教师、学生、家长、社会力量，让不同利益主体的诉求得到充分表达，在理念与操作之间找准连接，在继承与创新中找好结合，最终达成发展共识、形成建设合力、强化导向和任务约束，凝聚人心和资源，推动学校各项工作的高效落实，形成学校发展的新格局。

四、发展规划是实现学校现代治理的重要工具

进入新时代，基础教育的价值取向日趋明确，教育政策密集出台，发展的秩序已经稳定，各项规章制度逐步落实到位，学校治理体系与治理能力现代化已经成为当前学校发展的重要议题。学校发展规划作为重要的治理工具，其编制过程要充分吸收教师、家长、学生各利益相关方诉求，整合政府、学校、社会等各方面的资源优势，体现决策科学性和民主性，激发学校各方面创新活力。要充分利用人工智能、大数据、区块链等新一代信息技术，赋能学校教育，不断拓展教育教学的形式，丰富教育资源供给模式，体现手段的科学性、精准性，能够适应学校全局性、战略性、长期性需要。要以政策为导向，对学校发展优势特点、学校未来定位和发展走向、体制机制障碍、文化传承与多样化特色发展等角度进行充分研究、论证、预判，合理配置教育资源、规范学校治理行为、引导教育改革创新、构建新型教育关系，杜绝学校办学行为的随意性，保证学校发展方向、速度、水平的可预期、可控制，为学校可持续发展提供科学有效的系统性解决方案。

第二节　学校发展规划的基本原则

学校规划是发展之基、成功之道，是一项国家到地方、全局到局部、宏观与微观等相互结合的政策性、系统性很强的工作。近年来，学校越来越重视学校发展规划制定工作，但也存在一些问题：在管理上表现为一些学校管理者重视不够、理解不到位、认识有偏差，规划参与面窄，缺少明确的抓手和必要的理念、技术与方法等；在内容上表现为一些学校没有基于问题、真实的发展愿景，目标脱离实际、大而空，内容不完整、缺重点，现状分析表面化、报"喜"不报"忧"等；在实施上表现为目标没有逐级分解、难以实现，问题不具体、没有针对性，有关活动或措施缺乏实效性，没有责任人、缺少时间节点等，导致发展规划的作用有限。因此学校在制定规划时要遵循必要的原则，理清学校发展规划本身的性质、目的、价值，制定出适合学校个体的、科学的、可操作性强的发展规划。

一、导向性原则

学校发展规划要以新时代中国特色社会主义思想为指导，紧紧围绕建设教育现代化的这一主线，全面贯彻党的教育方针，落实立德树人根本任务，坚持以学生发展为中心，培养德智体美劳全面发展的社会主义建设者和接班人。要站在新的历史方位，准确把握新时代教育发展的阶段性特征，按照高质量发展要求，瞄准关键环节、重点领域，精准发力，改革创新，使规划更好体现时代特色、更好贯彻国家和区域对学校教育发展要求，为推进教育现代化、建设教育强国、办好人民满意的教育提供有力支撑。要面向学生个性化、多样化的学习和发展需求，增强德育针对性实效性，加强思想政治工作，注重因材施教、注重知行合一、注重全面发展，提高学生综合素质，提高身心健康发展水平，培养学习者适应未来发展的能力和素养。

二、发展性原则

教育的发展是一个连续的历史过程，一个学校从昨天到今天以至明天，都是一个不断传承、发展的过程，昨天是今天发展的基础，今天也在为明天做着准备。学校发展规划要站在新的历史方位上，依据国家宏观教育政策，遵循教育规律，立足于现实情况，在深度分析学校、区域历史发展情况、现实发展现状并把握未来可持续发展趋势的基础上，对学校未来发展方向和状态进行科学合理的预见和设计，科学确定教育发展定位，确定中长期发展目标和改革措施等。

三、系统性原则

学校发展是有治理结构、治理能力、师资队伍、教育教学、学校文化、技术保障、空间环境、后勤服务等各个子系统组成，涉及干部、教师、学生、家长、社会等各方面利益群体，受到经济、政治、地缘、科技、文化等各种因素的影响，可以说从问题的切入到目标、到对策、到实施、到监测是一个整体、严密的系统，环环相扣、互相影响、互相作用。因此，在制定学校发展规划时，要准确找到学校发展的突破口和生长点，就需要运用系统的观点，调动学校各部门、广大教师、学生、家长和社区各利益相关方积极性，通过沟通、协商、协作、协同，共同构建规划。整合校内外各方面的资源，围绕学校规划，制定不同工作领域、工作部门以及教工个人的发展规划，并达成整体协调的运作。

四、精准化原则

世界上没有完全相同的两所学校，学校的特殊性决定了没有通用的发展规划，必须聚焦学校发展中的痛点、难点、堵点和社会关注、群众关切的突出问题，善于抓住学校发展面临的主要的机遇与挑战，充分考虑学校的特殊性，立足于特殊性质、特殊使命、特殊资源、特殊环境，在特定的时间、特定的空间，解决特定的问题。要避免脱离学校实际，一味追求"高、大、全、上"，面面俱到，说一大堆正确的废话；也要避免炒作概念，一味追求"提炼词语"，玩"文字游戏"；还要避免陷入"盲目""茫然"，一味追求"理论高度""逻辑严密"，不能解决学校存在的实际问题。规划要把宏观形势和现实需要结合、问题导向和精准施策结合，注重一切从学校实际出发，目标明确、内容切实、措施可行。

五、开放性原则

学校发展规划的制定和实施不是一个或几个人的创造，要告别

"闭门造车"和"盲人摸象"，破除规划的封闭性和神秘性，以开放的精神动员和组织学校各部门、教师、学生、家长、社区共同参与、共同合作，在各利益诉求的平衡点上确定共同价值追求、达成思想共识、实现发展目标，构建共建共治共享的共同体。还要以开放的胸怀、开放的精神和开放的方法，一方面传承中华优秀传统文化，善于吸收中国古人丰富的智慧和思想，另一方面借鉴世界先进的经验和做法，立足中国，面向世界，虚怀全球，海纳百川，最终形成学校话语、学校特色、学校风格、学校气派。

六、可行性原则

学校发展规划是学校行动纲领，最终要落脚在实施上，呈现在学校发展上。再完美的规划或再先进的成果，如果只是停留在纸面上，挂在学校墙上，不能真正变成可操作性、可行性、可实现性、可测量性、可控制性的行动，更不可能指导、引领学校高质量发展，最终只能是"劳民伤财""百无一用"。学校规划要坚持一切从实际出发，坚持脚踏实地和"抓铁留痕"的精神，摸清学校发展真实情况，取得可靠数据，在此基础上确定发展定位、目标、资源需要和教育供给。要坚持适度超前谋划和量力而行相结合，科学而分步骤地安排各个资源配置方法以及规划阶段目标，明确规划实施的时间表和路线图，做到远近结合、实事求是、尽力而为、量力而行。要建立长期的规划实施效果的评估与监测机制，以数据为基础，及时评估实施的效果、监测实施进程、优化资源配置、引领学校发展。

第三节 学校发展规划的主要内容

科学的发展规划能够为学校发展提供环境、技术、人员、资源基础，为学校运行提供有效的制度、体制、机制保障，为每一位教师创造友好、稳定的工作环境，确保学校一张蓝图绘到底，不因领导的变动而变动，不因领导注意力的变化而变化。针对我国中小学的现实状况和新时代的要求，学校发展规划应依据新时代中国特色社会主义思想，根据国家教育改革发展政策，立足我国新时代背景，基于学校自身发展实际和现实诉求，以立德树人为根本、以提升质量为核心、以内涵式发展为主线、以现代化学校建设为抓手，站在全局性、前瞻性、主动性和可行性的高度，对标教育行业标准，在学校特定发展时空中分析学校现状的优势和劣势，确定学校发展思路、发展目标、办学理念、育人理念等总体战略，确定管理体制、运行机制、队伍建设、课程体系、教学质量、绿色校园环境、智能化校园建设、投入保障等主要任务和重点工程，制定可实施的关键举措和策略，提升学校对发展规划的理解力、可持续发展的成长力、规划实施的执行力和实施效果的影响力，促进教育公平，提高教育质量，努力办好人民满意的教育。学校发展规划一般包括具有学校全称的规划名称、执行的起止年月、发展基础分析、办学理念、目标定位（办学目标、培养目标、领域目标、阶段目标）、主要任务及其工作举措、重点工程和项目、保障措施等内容。

一、学校发展基础分析

学校发展基础是指学校在诊断评估的基础上，分析学校现状，找准优势和不足，检查并把握学校的发展水平，明确学校目前在什么阶段，一般包括学校概况、办学优势、问题剖析等部分，这是制定发展规划的起点。分析内容主要是围绕学校发展历史、师资情况、资源供给现状、学生发展情况、学校管理、课程建设、课堂教学改革等方面查找学校发展中优势与不足。分析方法主要是通过查阅资料、实地调查和问卷、座谈、个别访谈、大数据分析、问题海选、头脑风暴等方式，尽可能多地让利益相关方参与，尽可能多地搜集信息，通过讨论、归纳和研究，建立学校发展的"优势图""问题树"。要特别注意从复杂的事实现象中能正确归因，抓住促进和制约学校发展的本质的、起决定作用的因素，主要工作的"突破点"和重点任务的"生长点"要基于"发展优势"和"主要问题"来确定，显现本校的个性特色，避免条文罗列、理论堆砌、政策照抄、面面俱到、泛泛而谈，缺乏内在联系，突出不了重点，抓不住发展关键。还要注意的是"优势"分析要避免"唱赞歌"，重在找到好的经验和做法，"问题"分析则要避免"碎片化"，重在摆事实、找根源，两者不能自相矛盾。

（一）学校基本情况分析

主要从区域位置、生源结构、学校规模、教育投入、办学条件、办学水平、社会声誉、班级数量、班额规模、在校人数等方面对照国家标准，分析学校办学规范性、资源承载力和区域服务能力。

（二）社会需求情况分析

主要从学生、家长、社会对学校师德师风、学生负担、身心发展、教学质量、育人能力、课后服务、餐饮住宿需求等方面，对比同类学校发展状况，分析发展差距，预判在规划期内学校生源变化趋势和硬件、软件发展需求，进一步优化资源配置，满足人民群众对学校教育的期盼。

（三）学校治理情况分析

主要从上级教育行政部门治理体系和治理能力、学校机构设置、管理体制、运行机制、经费保障机制、人力资源保障机制、考核评价机制、薪酬分配机制、监督管理机制、个性化服务、教育资源配置、家校社协同机制等方面，对标现代学校制度建设要求，谋划建立高效的管理体制和运行机制。

（四）教师队伍情况分析

主要从教师编制、年龄、学历、职称、工作量、优质教师数量和学科分布、教师流动情况、教师培训、教师薪酬分配、教师岗位晋升、职称评聘、教师招聘、教师评价、教师管理、教师专业发展水平、教师知识能力结构等方面，对标国家教师编制和教师专业标准，分析研判教师队伍发展阶段和资源需求，确定师资队伍对学校发展适应度、支撑度。

（五）课程建设情况分析

主要从学校课程目标、课程结构、课程设置、课程内容、课程实施、课程管理、课程评价、课程资源、课程效果、学生发展指导等方面，分析国家课程、选修课程、特色课程、校本课程开设和实施情况、学校选修特色课程开发和实施情况，研判课程体系在满足学生多样化、个性化发展情况。

（六）教育教学情况分析

主要从教育教学规范、教学常规落实、实施课堂教学改革、探索教学组织形式、优化教学方式、改进学习方式、开展教研工作、组织校本研修、教学诊断与改进、信息技术与教学融合等方面，分析学校教学质量保障方面存在的问题，研判提升质量的方法和路径。

（七）信息技术水平分析

主要从信息技术基础设施建设、信息化教学资源供给、信息技术和教学融合、信息技术应用、信息技术管理、信息技术能力、信息技术培训、信息技术赋能教学质量效果等方面，查找学校信息化建设、应用、管理等方面存在的问题，为进一步促进信息技术在学校发展中发挥革命性作用。

（八）文化建设情况分析

主要从学校的文化体系设计、办学理念、价值追求、育人目标、校训、校风、教风、学风、校园环境、班级文化建设、师生认同等方面，研判学校的办学定位，进一步理清办学方略。

（九）学生发展情况分析

主要从学生身体健康、学业负担、品德发展、心理状况、审美情趣、劳动教育、综合实践、学业发展等方面，对照国家强制性要求和区域发展指标，研判学校教育教学效果和学生发展水平。

二、学校发展目标定位

学校发展目标定位是学校在对发展研究的基础上，确定学校未来的发展方向，构思发展愿景，明确在规划期内希望学校到达什么阶段，是一种预设目标，一般有办学理念、办学目标、培养目标等总目标和领域目标、阶段目标等部分构成。目标定位不能"左"也不能"右"，不能"高"也不能"低"，否则就成为无效目标，无法指导和引领学校发展。科学的目标定位应该有明确的时间期限，必须具体、可测量、能够达成的，并且能够统领各领域和子系统的目标。

（一）目标定位的设定

基于学校发展基础，对标国家和区域教育事业规划、政策、标准和学校发展需求、同类同级学校发展水平，充分考虑规划的全局性、前瞻性、主动性和可行性等特征，一般要制定三类发展目标。一是基本发展目标，主要按照国家和区域要求的管理机制、师资配置、办学条件、课程规范、教学质量、育人方式等标准，必须要达成的刚性发展目标。二是短板发展目标，主要是针对学校存在的问题和不足，特别是制约学校发展的体育、健康、美育、德育、劳动、课堂教学方式、学校管理等方面的短板，制定的补偿性发展目标。三是特色发展目标，主要对标发达地区、先进学校，根据学校发展优势和发展实际，制定的拔高性、拓展性的扬长性发展目标。这三类目标共同构成学校发展的"目标树""成长链"，相互联系、相互作用、环环相扣、同生共长。

（二）目标定位的内容

学校发展规划目标定位要结合区域教育体系和能力水平、学校历史积淀和文化传承、学校未来教育需求和发展特色，瞄准现代化、高水平、高质量的方向，凝练好目标。一方面要明确把学校打造成教育现代化示范校、教育高质量发展先行校、教育改革创新实验校、协同发展生态校、智慧教育实践校、五育并举创新校等总目标，大力提升学校服务国家和社会能力。另一方面要按照时间节点制定学校管理体制机制改革、基础设施建设、教育教学改革、教师队伍建设、信息化建设、教育教学质量等不同领域目标，有效解决学校发展中的热点、难点问题。

（三）目标定位的达成

规划目标定位要用前瞻的、科学的思维预设在规划阶段完成后达到的可控、可测、可量化的指标，用以判断我们是否到达规划目标所在地。在学校管理、队伍结构、教师发展、办学条件、学生发展、教学质量、发展效果、社会影响力等方面既要有"质"的描述，也要有"量"的规定，能够较科学、较清晰地表现出目标的达到程度和效果。尽管学校发展要素基本相同，但学校发展基础、工作起点各不相同，在发展速率和达成标识上当然也不相同，否则就会出现规划目标定位"雷同"，无法进行效果测量评估。

三、学校发展任务举措

在学校发展目标确定后，就要围绕目标研究制定发展任务，拟订相关举措，选择相应的策略，确保能够在规划时间内达成目标。

进入新时代，中小学教育和学习正在发生革命性变化，对制度建设、治理能力、教学质量、教师发展、家校协同、人工智能、学生发展、资源配置和学校服务能力提出了新的、更高的要求。学校发展的任务和举措要更加关注全面加强党的领导、更加关注立德树人导向、更加关注运行方式更新、更加关注教育教学改革、更加关注教育教学质量、更加关注育人方式变革、更加关注教师队伍建设、更加关注信息技术和教学融合，不断调动各方面积极性，确保学校始终沿着规划方向前进。

（一）以治理体系和治理能力现代化为前提

着力健全学校治理结构，完善学校现代管理制度，优化学校管理体系，健全职责明晰、依章办学、依法治校、依法执教的高效运行机制。建立学校管理、教师专业、课堂教学、课程开发、教学质量、教育科研、学生发展、设施设备、信息技术、办学条件、文化标识、学生发展等关键要素为核心的现代化学校发展标准体系，加强校内督导评估，提高学校治理的专业化、标准化、便捷化水平。改进学校治理方式，用好校务公开制度，推进科学决策、民主决策，完善社会参与学校治理的常态化机制，提升师生和社会参与教育治理能力。转变管理职能，增强学校自主办学能力，激发学校办学活力。

（二）以教育质量提升为核心

依据新时代党和国家新的教育政策，规范国家课程实施，强化教学常规管理，改进教学方式，提高课堂效率。优化作业设计，开展课后服务，加强考试评价，减轻学生负担。健全学校内部质量控制机制，系统完善各年级、各学科教育质量标准和反馈控制体系，完善人才培养质量监测评估制度，鼓励学校开展启发式、探究式、参与式、合作式等教学方式以及走班制、选课制等教学组织模式，探索提升教学质量新途径。健全学生多元化发展培养体系，探索建立学校特色课程体系，丰富并创新课程形式，引进高校、科研院所等部门的课程资源支持学校发展，以特色课程形成学校特色，适应并支持学生多样化、个性化发展。重视体育、艺术、劳动、科技等方面教育，充分吸收利用学校、区域教育资源，建立育人共同体，构建有品质的教育实践基地，培养学生创新精神与实践能力，拓展人才培养渠道。提升教育信息化水平，增强信息教育资源供给，实现信息技术与学科教学的有效融合。

（三）以教师队伍建设为基础

依据新时代对学校干部教师提出了新的要求，大力打造学校干部教师培育体系，加大教师培养力度，提升教师思想政治素质，加强师德师风建设，完善教师专业能力发展体系，建设学习型教师队伍。完善人才支持服务体系，完善教师配置体制机制，全面优化教师管理方式，完善教师准入机制，健全教师职称、岗位和考核评价制度。完善教师待遇保障制度，优化绩效工资结构和发放办法，对贡献突出的教师予以表彰奖励，显著提升教师的政治地位、社会地位、职业地位。

（四）以新兴信息技术为动能

聚焦新时代对人才培养的新需求，强化以能力为核心的人才培养理念，综合运用5G、互联网、物联网、人工智能、大数据、区块链等新兴信息技术，以学习者为中心，以培养创新型人才为导向，以信息环境为支撑，以融合创新为目标，建设新一代学习空间。提升师生信息化素养和教与学应用能力，把信息技术与教育教学深度融合作为学校可持续发展的内生变量，优化大数据支撑下教育教学能力，推动人才培养模式和教学方法改革，实现规模化教育与个性化培养的有机结合。创新教育服务业态，丰富信息化教育资源供给，促进智能环境、智能治理、智能教学、智能学习、智能教研、智能服务、智能测量和评价的流程再造与系统重构，推进教育治理方式变革，形成现代化的教育管理与监测体系，推进管理精准化和决策科学化，推动信息化服务教育教学全过程。

（五）以提升服务能力为方向

针对新时代学校家长需求和工作特点，结合学校办学实际情况，采取小班化、寄宿制和灵活编班、分类教学、个性化指导等具有较强针对性、适应性和实效性的方式，解除家长在子女教育方面的后顾之忧。积极落实"双减"政策，改进作业设计，开展课后服务、做好假期托管、开设丰富多彩的课程，促进学生健康成长，减轻学生学业负担，提升家长的获得感和幸福感。建立家校社协同机制，转变家庭教育理念，指导家长掌握科学教育方法，提高家庭教育能力，充分利用家长和社区资源，开展综合实践活动、社会大课堂、研学活动、研究性学习，创新素质教育内容和方式，提高学生的学习能力、创新精神和实践能力，提升家长满意率。

（六）以优化资源配置为保障

不同的学校发展阶段要求有不同的资源配置方式，不同的规划目标也要求有与之相适应的资源供给办法。一方面学校要加强规划期内生源数量、办学规模变化的监测与预测，对照国家各项办学标准，规划好教室、设施设备、办学条件、技术装备、教师数量、校园环境、经费投入等"硬件"布局，加大资源整合力度，合理配置资源。另一方面也要充分考虑学校在高质量发展、服务能力提升等方面面临的困难、压力，对照国家教育现代化指标，完善与质量提升相关的资源配置方案，优化资源投入方式和使用结构，重点向教育质量提升、内涵发展、课程教学、人才培养、教师队伍、体制机制改革等"软件"方面转移，提升学校现代化水平，保障教育可持续发展。

第四节　学校发展规划的重点项目

学校发展规划会涉及众多领域，面临较长时间跨度，但在规划所涉及的各领域和众多任务中，一定有长期存在的基础性的影响学校发展的短板，这些要素一旦被突破，就会带动学校全局发展。所以在学校发展规划中应突出重点，抓住关键，围绕学校发展总目标，着力选择有利于凸显本校的优势和特色，具有较大的发展空间和发展潜力，能引领全局带来系统的整体优化，能极大推动学校各项工作的最紧迫、最重要的战略性、基础性重点项目，包括但不限于加强党对教育工作的全面领导、全面落实新时代立德树人根本任务、深化学校体制机制综合改革、激发办学活力、加强教师队伍建设、规划新一代校园、打造学校特色、提升学校教学质量等方面，集中优势兵力，集中全校力量，进行优先发展。项目不在多，关键要选准、挖深、做透，不要选择那些看起来紧迫，但在规划期间难以创造达成条件的项目，也要避免重点项目与学校发展目标的脱节。

一、落实党组织领导的校长负责制

全面加强党对学校工作的全面领导，落实中小学党组织领导的校长负责制，是学校发展一种新的、重要的领导体制。学校要切实发挥党组织把方向、管大局、做决策、抓班子、带队伍、保落实的领导作用，进一步完善与之相适应的议事决策、协调沟通、民主监督机制。要坚持把党的政治建设摆在首位，突出政治引领，全面贯彻党的教育方针，坚持社会主义办学方向，落实立德树人根本任务，牢牢把握意识形态工作的领导权，为学校发展提供坚强的政治保证和组织保障。要落实从严治党的主体责任，全面加强学校党组织的政治建设、思想建设、组织建设、作风建设、纪律建设、制度建设，充分发挥广大党员教师的先锋模范作用，增强党组织的创造力、凝聚力、战斗力。加强党组织规范化建设，持续强化学校党建工作，实现党组织对学校各项工作领导的纵到底、横到边、全覆盖。要坚守为党育人、为国育才使命，立足学校实际，遵循教育规律，坚持改革创新，努力培养担当民族复兴大任的时代新人，培养德智体美劳全面发展的社会主义建设者和接班人。

二、深化学校内部综合改革

将综合改革作为推进学校现代化的根本动力，破除不合时宜的体制机制弊端，充分激发学校办学活力和发展生机。要创新学校发展的新技术、新机制、新模式，系统推进学校管理、人事、评价、分配体制机制改革，促进学校由规模扩张向内涵提升的转变、由局部探索向综合改革的转变、由保障"有学上"向服务"上好学"的转变、由强化服务理念向贡献度显著提升的转变。要进一步落实学校办学自主权，推动学校法人主体地位的落实，依法界定政校权责，明确学校在教学计划、课程开发、岗位设定、教师聘用等多个方面的管理自主权、管理职责及权限边界，提升学校管理的主动性和创造性，构建"政府依法管教育、学校依章办教育、社会科学评教育"的新格局，增强改革的系统性、整体性、协同性。要以评价改革牵引学校综合改革，制定和完善学校发展关键领域办学标准，形成以学生综合素质评价为基础的信息化评价体系，将学生评价结果与教师评价、学校评价、用人评价挂钩，坚决纠正片面追求升学率倾向，坚决克服重智育轻德育、重分数轻素质等片面办学行为。落实重点项目年度跟踪评价考核制度，形成发现问题、诊断问题、督促整改的闭环管理。要开创合作办学新局面，加强与国内外名校教育交流与沟通，学习借鉴其先进经验，共享优质教育资源。

三、提升教师队伍建设水平

把教师发展作为学校发展第一要务，建设高素质专业化创新型教师队伍。坚持把思想政治素质、师德师风作为评价教师队伍素质的第一标准，形成思想政治、师德师风考核、评价和监督长效机制。建立学校教师发展中心，完善国培、省培、市培、县培、校培等五级教师全员培训机制，建立新入职教师、发展型教师、成熟型教师分类培训阶梯，选派种子教师到高等院校、高水平地区、高水平学校挂职锻炼和培训学习的卓越教师培育机制，完善学分制管理的校本研修制度，着力转变教师理念，改变教学方法，提升教师教育教学水平。大力开展以教育教学实践为载体的教师专业能力提升行动，建立学习反思、课例分析、课堂改进、听课评课、课题研究、论文写作等成长链条，培养学习型、研究型教师。完善教师引进和流动机制，逐步优化教师队伍结构，不断完善教师补充体系，为学校高质量发展提供人才支持。加强教师队伍规范化管理，建立健全教师荣誉激励制度，加快推进教师合同聘任、职务晋升、职称评聘改革，健全与学校聘用制度和岗位管理制度相衔接、符合学校特点的教师发展体系，引导教师潜心教书育人。

四、努力提高教育教学质量

把提高教育教学质量作为学校发展创新的核心，坚持内涵发展，对标新课标质量要求和区域先进学校发展指标，构建有学校特色的教育教学质量保障体系。坚持质量第一，建立目标意识，强化过程管理，深化评价改革，优化教学方法，改进学习组织，转变教育理念，更新育人观念，进一步提升学校教育教学竞争力和吸引力。转变学校发展方式，大力提升义务教育优质均衡水平，探索高中多样化、特色化发展道路，办好老百姓家门口的学校。转变育人方式，探索建立贯通中小学的拔尖创新人才早发现、早甄别、早培养机制，开设奥赛、强基、大学先修等选修课程，加大创新拔尖人才培养力度。坚持以教育信息化引领教育现代化，全面推进"互联网＋教育"，加速教育资源和管理平台建设，合作、开发、共享优势教育资源，推动教育模式与学习方式的革命性变革。

五、建设新一代现代化校园

建设低碳校园。"低碳校园"是顺应国家要求，进行生态环保教育的重要方式，是到 21 世纪中叶，国家发展的重要任务。学校在实现教育功能的基础上，要把生态文明建设纳入学校日常工作中，通过建设低碳校园环境、制定和完善低碳管理制度，开展有效的低碳教育活动，创设低碳文化氛围，提高师生低碳发展意识和生态文明素养，用实际行动，共同为人类可持续发展做出贡献。学校发展规划要充分考虑节能、节水、节电、节材的校园空间建设，要重视光、热、声、风、空气质量等友好环境设计，要重视社区共通、交通连接、校园安全、交流空间等功能规划，要建立全寿命周期管理、组织框架等运维制度。特别是要充分考虑低碳环境和教育教学相结合，充分利用低碳资源，开发课程、组织活动、开展研究，对全校师生进行低碳教育。建设智能化校园建设，"智能化校园"是教育信息化的高级形态，是对智慧化校园的进一步扩展与提升。它综合运用云计算、物联网、移动互联、大数据、智慧感知、人工智能、社交网络等新兴信息技术，能全面感知校园物理环境，智能识别师生群体的学习、工作情景和个体的特征，将学校物理空间和信息技术空间有机衔接起来，为师生建立智能开放的教育教学环境和便利舒适的生活环境，改变师生与学校在资源、环境的交互方式，实现以人为本的个性化创新服务。学校发展规划要充分考虑利用各项技术的信息环境，赋能教师发展，驱动和激励学生自主学习、发展自主教育；加快信息技术和教学融合，生成多元化新型课程与教学模式；借助智能测量评价技术，支持教师根据不同学生个性化的学习基础、风格偏好、阶段水平等特点进行因材施教；丰富信息化教学资源，提升师生信息素养，加强信息技术应用，支撑学校教育教学和管理活动。

六、着力打造学校发展特色

学校要充分结合区域特点和学校特色，传承乡土基因，整合红色资源、用好文化遗产，构建以社会主义核心价值观为引领的德育体系。全面加强劳动教育、社会实践、研学旅行、研究性学习，拓展教育阵地作用，设计开发适合不同学段学生、与学校教育内容相衔接的课程和线路，促进研学旅行和劳动教育有机结合。提升学生美育素养，丰富高品质美育课程，充分利用区域民间美育资源，开发书法、绘画、戏曲、剪纸、舞蹈、武术等特色文化课程。开展城乡一体化学校建设，创建乡村化、工业化和城市化高度融合的社区教育共同体，拓展城乡一体的教育空间，推进特色学校建设。

第五节 学校发展规划的保障措施

在现代化学校建设过程中，学校发展规划不仅是一张"作战图"，也是一张"行动图"；不是停留在书面文本上，而是要运用在实践中；不是为了挂在墙上，而是要推进学校各项事业的发展。从这个意义上说，学校发展规划的制定、建设和实施过程绝不是一个封闭的、单向度的演进过程，而是一个集合全校智慧、动员全校力量，实现规划目标的过程，更是一个需要制定明确的指标体系，不断通过各类设计、技术方法及评价手段，评估规划实施的具体绩效，并持续改进学校各项工作的过程。学校要有序做好制定、执行、评估、改进的自我保障机制，确保发展规划全过程可控、可测。

一、组织保障

发展规划的制定和实施是学校发展中非常重要的事情，学校要建立党组织领导、校长负责、各部门分工协作、专家智库支持的组织体系和组织架构，确定制定学校发展规划的领导小组，明确第一责任人；要明确实施规划项目、达成具体目标、完成各项指标的时间节点、责任部门和责任人；要提供人、财、物的基本保障，以支撑规划的制定和实施。要坚持以学校为主体，调动各部门干部、教师和利益相关者的力量共同参与，坚持在制定规划、实施规划、监测规划时都要尊重群众的首创精神，问计于民，集思广益，探索学校发展策略，改善学校管理方式，提高学校效能和发展水平，用集体的智慧把复杂的问题转化成发展规划可见的目标、措施以及步骤。建立具有公信力和专业性的第三方论证评估机制，重点围绕规划目标的正确性、规划方法的科学性、规划任务的合理性、规划项目的有效性、规划参数的准确性、规划措施的可行性等方面进行分析论证，确保相关规划和政策科学有效性。

二、研究保障

学校发展规划不能直接写文本，要坚持研究先行，研究质量的高与低，直接决定了发展规划质量的高低。要提高研究的针对性和科学性，加强与规划的内容、规划的目标和路径的关联性。要研究国家、省级及区域教育发展的新政策、新要求和国家中长期发展规划的相关内容，以实现高质量可持续发展为原则，科学规划学校布局结构调整、教育资源配置、教师队伍建设、体制机制改革、教育信息化建设等重点项目。要研究规划期间各学龄段人口变化，运用常用定量目标预测技术，分析学校内外部环境及社会发展对教育的合理需求以及学校资源的支撑能力和承受能力。要研究办学条件的相关标准和学校发展实际，以数据为基础，测算规划方案，提出相应的政策措施和重点工程。要研究学校未来发展趋势，集合当前数字化、智能化先进技术和科学的规划工具，制定完整的学校规划方案、实施的路径、监测的手段和评估的手段。

三、程序保障

工作程序是指规划实施过程中的运行规则和时间顺序。明确而规范的程序能保证稳定的工作秩序，保证规划的科学制定和有效实施。一般程序包括：成立学校发展规划编制小组，遴选邀请各群体代表参与规划制定；拟定规划编制日程表，培训相关干部教师，搜集整理资料，研究相关政策，研究学校历史，开展各种调研，动员全校教师分析校情；讨论并提出规划的内容要求和基本框架，提交各部门讨论，汇集各方面意见形成规划初稿；听取学校行政部门、年级组、教研组、学生、家长、社区意见，汇总各方意见撰写规划修订稿；提交教代会审议，形成正式文本予以公布并组织实施，确保为达成发展规划目标所预设的相关条件，按期实现发展规划。

四、实施保障

三分规划，七分落实。学校发展规划要按照规划、执行、评估、改进的方法，强化规划的实施。要制定规划实施监测指标体系，进一步明确规划实施的时间表、路线图和不同阶段发展目标，做好管控激励、运行管理等技术保障和制度保障。要建立规划自主评估运行机制，通过学校、部门、科室、个人的自评、互评和专业机构、社区、家长等的他评，按时序（中期、年度）或按范围对学校发展规划的主要任务、重点项目、条件保障和不同阶段出现的新情况新问题开展监测和分析，客观、公正地监测和预警规划目标完成情况、发展规律及趋势性问题，适时调整发展规划、改进发展策略，确保规划实施的有效性。要对学校相关干部教师进行发展规划的培训，整合校内外资源，更大程度调动广大师生积极性，激发教育改革创新活力，破解当前学校发展中的重点、难点问题。

总之，学校发展规划越来越被看成激发学校内生动力、唤醒干部教师创造力、促进学校现代化发展的重要内容，日益成为学校科学发展、规范发展、高质量发展的一项重要的、基础性的、战略性的工作。制定并实施一个高质量的发展规划，既是一个涉及知识储备的专业过程，又是一个涉及学校未来的政治问题。学校要制定并实施好发展规划，抢占并赢得发展的契机，引领学校发展方向，努力把学校的教育发展推向一个新的高度。

第三章　现代化学校治理体系构建新思维

　　坚持和完善中国特色社会主义制度、推进国家治理体系和治理能力现代化，是实现"两个一百年"奋斗目标的重大任务，是把新时代改革开放推向前进的根本要求，是应对风险挑战、赢得主动的有力保证。中小学教育是提高国民素质、实现国家富强的奠基工程，在国家现代化事业中处于优先发展的战略地位，在我国国家制度和国家治埋体系中具有基础性、战略性、全局性、先导性的重要作用，中小学治理体系是国家教育治理体系重要组成部分。我们必须充分认识推进教育治理体系和治理能力现代化对于深化教育改革，实现中国教育现代化，建设教育强国，办好人民满意教育的重要性、必要性、紧迫性，以更加清醒的认识、更加主动的姿态、更加执着的努力，完成好我们这一代人必须面对、必须回答的时代课题，交出一份合格的答卷。

第一节 学校现代化治理体系的重要意义

教育治理是一种综合概念，它包含教育的宏观、中观与微观治理等方面。构建学校现代化治理体系，对于深化学校教育教学改革，释放和激发学校的积极性与能动性，推动学校从传统的教育管理走向现代教育治理，具有重要意义。

一、学校治理体系现代化是教育高质量发展的要求

中国是世界第一人口大国，从事着世界上最大规模的基础教育。近年来，随着基础教育进入高质量发展新阶段，中小学校组织趋于复杂化、结构趋于多样化、水平趋于差异化、教育诉求趋于个性化，人民群众更加关注教育的质量和水平、公平和效益、结构和布局等，这些都对学校传统的治理理念和方式带来多方位的冲击。但在现实中，中小学治理理念、治理体制、治理方式、治理能力不均衡，差异比较大，导致大多数学校办学活力还不足，竞争能力不强，学生创新精神、实践能力欠缺，优质资源供应不足等问题日益突出，难以满足新时代学校高质量发展的需求。这些都需要我们正视存在的问题，用极大的勇气破除制约甚至阻碍学校发展的种种因素，理顺各种关系，明晰各级权责，激发学校办学的内生活力，调动社会参与治理的积极性，加快构建现代化的治理体系，实现提升治理能力的目的。

二、学校治理体系现代化是学校高质量发展的要求

受传统文化的影响，大多数学校采用集中化管理体制，实行科层化管理，学校内部主要是纵向的管理与被管理的关系，缺乏依据教育规律和学校特点的科学化与民主化管理。表现在：在学校决策上不是根据学校实际情况运用现代学校制度管理，而是以行政意志为中心，习惯于"命令"式管理，存在着不科学不民主的现象，导致学校决策脱离实际，管理方式简单，方式方法单一；在学校管理上存在简单化、机械化、官僚化的现象，缺乏服务精神、合作意识，对教师、家长、学生意志和关切照顾不足，没有把办学中的各主体看成服务对象、合作伙伴，仍然是看作被动的服从者，导致学校模仿行政机构一样运转，缺乏自己的办学理念，丧失了自己的特色。虽然目前一些学校开始尝试扁平化等新的管理方法，但因为对传统路径依赖问题根深蒂固，深入推进较为困难；在教育评价上存在模式单一化，过度依赖量化管理手段，既无法照顾学科特点和个性特色，也没有遵循科学发展规律，教师被束缚在任务指标的枷锁中，逐渐失去科学精神追求，束缚了教师的能动性与创造性，导致学校的创新活力和创新动力不足。为此急需改革强烈的行政化倾向，加快转变治理观念、完善治理制度、改变治理行为习惯，不断创新管理制度，改革管理体制，推动学校从传统的教育管理走向现代教育治理，最大限度地释放和激发学校办学活力。

三、学校治理体系现代化是育人高质量发展的要求

当前，中小学教育中片面追求分数、片面追求升学率等应试教育倾向仍然存在，应试教育的文化特征就是过度的功利主义，人文精神严重缺失，应试教育不是把人的发展作为目的，从而会对学生个性成长造成压抑。表现在：在学校发展上存在以成绩为导向，单纯用分数管学生、用升学率管教师，把追求分数、升学率、名次提升当成教育根本目标甚至是唯一目标，逐渐失去了教育的本真价值追求，失去了教育重要的育人内涵；在教师成长上存在过度追求职称晋升、称号获得、工资待遇增长，越来越把专业成长作为一种功利目标来完成，逐渐失去了精神的和道德的内涵，失去了对卓越和崇高的追求，丧失了主体存在感、道德优越感和精神高贵感；在学生培养上存在固守传统的应试教育模式、教学方式、人才培养模式，学生缺乏学习主动性和创新性，无法满足学生个性化教育需求。这些问题的破解，急需我们大力深化学校改革，建构一种现代化的学校治理体系，充分汇集学校各方面的积极性和主动性，调动学校发展的内生力量，促进学校自主管理、自主发展。

第二节　学校现代化治理体系的内涵特征

2010年我国发布的《国家中长期教育改革和发展规划纲要（2010—2020年）》正式提出"教育治理"的概念。随着我国进入中国特色社会主义新时代，社会主要矛盾已经转化为人民日益增长

的美好生活需要和不平衡不充分的发展之间的矛盾，人民群众对社会提供优质均衡教育的渴望、对学校提高教育质量和水平的追求、对自己享受公平优质教育权利的期望也在与日俱增。但是，受各种因素的影响，中小学的区域、城乡、学校之间存在较大差异，在优质教育资源、多元教育服务供给上尚无法满足人民群众和学生成长的需求。这就要求学校要尽快改变传统的思维模式，建构多元主体参与的现代化治理体系，激发教育活力，提高学校质量，破解优质资源有效供给的难题。

一、学校现代化治理体系的内涵

学校现代化治理体系的内涵就是在党的领导下，坚持立德树人的根本任务，根据教育发展的自身规律和教育现代化的基本要求，通过建立系统完备、科学规范、运行有效的制度、规则和程序，构建能够有效互动、相互合作、相互制衡以及彼此共生的多元化治理方式，形成高效、公平、自由、有序的学校治理新格局，更好地调动学校各方参与办学的积极性，维护教育的过程性和差异性公平。

二、学校现代化治理体系的特征

（一）坚持正确的政治导向

1. 明确发展方向。我们是社会主义国家，必须坚持社会主义的办学方向，全面贯彻党的教育方针，落实立德树人根本任务。学校要始终坚持以人民为中心的思想，坚持为人民服务、为中国共产党治国理政服务、为巩固和发展中国特色社会主义制度服务、为改革开放和社会主义现代化建设服务，把政治标准和政治要求贯穿办学治校的全过程。

2. 明确价值追求。公平正义是社会主义本质要求，教育公平是社会公平的重要基础。学校优质公平发展，既是人民群众的期盼，更是发展成果由人民共享的题中之义，也是维护社会公平正义的应有之举。学校不仅要保证入学机会公平，更为关键的是保证入学过程和入学结果的公平。

3. 明确责任使命。教育是"国之大计、党之大计"，学校要尽力为每个学生提供适合的教育，积基树本，培根铸魂，启智润心，让每个孩子都能成为有用之才，成为德智体美劳全面发展的社会主义建设者和接班人。

（二）坚持改革创新

1. 深化育人方式变革。学校要把握和运用好教育、教学和人才成长三大规律，细化基于新课标、新教材、新课程、新高考方案的选课走班、学生发展指导等配套政策，促使学生成长成才通道更加便捷多样。

2. 创新管理模式。学校通过探索建立管理、评价、分配、人事等现代学校制度，在内部形成一个科学的治理架构、完整的制度安排、建立起协调有效的组织体系和灵活运行的机制，实现强校带弱校，进一步扩大优质教育资源。

3. 推进学校信息化。学校要高度重视信息化对教育带来的革命性影响，进一步推进"优质资源班班通"，使优质数字教育资源通达具备条件的每一个班级，促进信息技术与教学活动深度融合。加快教育管理信息化建设与应用，不断扩大优质教育资源覆盖面。

（三）坚持多元治理

1.扩大治理主体。学校治理体系现代化主要体现的是学校领导者的领导力、教师的综合业务能力、学生家长和社区等相关利益群体在教学活动中的参与能力。学校要在坚持教育公益性前提下，通过设计并完善相关制度和治理策略，引导相关主体通过平等参与、相互对话和沟通协商等方式参与学校管理活动，形成资源共享、彼此依赖、互惠合作的机制。

2.优化资源配置。学校要综合运用法律、规划、经费、标准、信息服务、政策指导和必要的管理措施等综合工具对学校各方面工作进行监督、引导，做到不缺位、不越位、不错位，实现教育服务供给差异化、多样化、优质化，满足人民群众日益增长的教育需求。

3.调动各方积极性。学校要不断落实办学自主权，激发学校内部办学活力，明确各方面的权利和责任，实现自我管理、自我约束、自我发展，做到教育质量要接受社会评价、教育成果要接受社会检验、教育决策要接受社会监督。

（四）坚持全面发展

1.突出德育实效。学校要加强党史、国史、改革开放史教育，加强爱国主义、集体主义、社会主义教育，加强理想信念、社会主义核心价值观、生态文明、中华优秀传统文化、心理健康教育，培养学生良好的政治素质、道德品质、法治意识和行为习惯，形成积极健康的人格和良好的心理品质，为学生一生成长奠定坚实的思想基础。

2. 提升智育水平。学校要进一步深化教育教学改革，提升课堂教学效率、优化教学方式、创新教学组织、加强教学管理、完善作业辅导、促进信息技术与教育教学融合应用、强化综合素质培养、加强学生发展指导、拓宽综合实践渠道，切实提升教育教学质量。

3. 强化体育锻炼。学校要牢固树立健康第一的教育理念，强化体育课和课外锻炼，教学生掌握一至两项终身受益的运动技能，养成锻炼身体的良好习惯，提高学生体质健康水平。

4. 增强美育熏陶。学校要改进美育教学，充分发掘传统艺术资源，因地因校制宜，教会学生使用一至两种乐器、培养一至两项艺术爱好，提高学生审美情趣和人文素养。

5. 加强劳动教育。学校要大力加强学生生产性劳动、服务性劳动、公益性劳动、家务性劳动教育，让学生"流汗""粘泥""长茧"，从小树立劳动最光荣、劳动最崇高、劳动最伟大、劳动最美丽的观念，培养劳动精神，形成良好的劳动习惯。

第三节　学校现代化治理体系的学校制度建设

现代学校制度建设是学校现代化治理体系的前提和基础，是深化学校教育教学改革的关键所在，也是推进中小学教育高质量发展的根本动力与保障。在某种意义上，治理体系也是一种制度体系。我们要下更大力气改革或调整学校内部的组织结构、管理体系，建立决策、监督、执行并行的现代学校制度，最大程度地激发学校的活力。

一、现代学校制度建设的重要意义

检视新中国 70 多年学校制度变革，会发现学校制度变革受到原有制度惯性的强烈影响，存在较严重的路径依赖，即人们对学校原有制度的习惯性遵从会让改革不自觉地回归原有的路径，阻碍了改革的步伐。如：学校的"行政化"管理问题，尽管我们对行政化倾向多有诟病，却也习惯于以行政化模式处理校内和校外的事务。同时，学校制度变革存在较严重的"高原"现象，即学校发展到一定阶段，习惯于一种确定的形式后，便停滞不前或无法转化为一种高级模式的现象。这就造成了学校制度变革之声虽然不绝于耳，实践中的变革却处于一种"波澜不惊"的状态，学校缺乏实质性的变化与改观。这种状况反过来又导致了学校对制度改革的麻痹与懈怠。建设现代学校制度，就是要重构学校的治理结构，构建严格的依法办学、有效的自主管理、良好的民主监督、积极的社会参与的制度体系。

二、现代学校制度建设的主要内容

（一）落实党组织领导的校长负责制

贯彻落实《中共中央关于建立中小学校党组织领导的校长负责制的意见（试行）》，坚持党对学校工作的全面领导，把党的领导贯穿学校工作的各方面、各环节，实现"纵到底、横到边"全覆盖。进一步完善党组织会议、校长办公会（或校委会）的决策制度、沟通协调运行机制、民主管理和监督机制，保障党组织履行把方向、管大局、作决策、抓干部、带队伍、保落实的领导职责,确保党的教育方针和决策部署在学校得到贯彻执行。

(二)保障学校办学自主权

贯彻落实教育部等八部门制定的《关于进一步激发中小学办学活力的若干意见》,依法保障学校在教育教学活动、人事工作和经费使用、绩效工资分配等方面的自主权。学校要进一步健全法律法规规定的各项办学自主权的实施机制,建立符合学校特点的管理制度和配套政策,积极探索科学的育人方式、合理的资源配置、高效的人事管理等方面的新路子。

(三)加强学校章程制度建设

学校要依法依规制定具有特色的学校章程,明确学校内外部权利和义务关系、完善内部治理结构,做到依法办学,依章办学,形成自主办学、自我约束、自主发展的有效的治理体系和发展机制。学校要以章程为统领,制定并完善教学、科研、学生、人事、资产与财务、后勤、安全、对外合作、学生组织、学生社团等方面的规章制度,建立健全各种办事程序、内部机构组织规则、议事规则等,形成健全、规范、统一的制度体系。

(四)构建学校自我评价体系

学校要切实发挥教育质量保障主体作用,不断完善内部质量保障体系和机制,认真开展自评,形成和强化办学特色。要依据国家教育基本标准,根据自身办学实际和发展目标,确立本校的人才培养要求,定期开展课程建设、教学与科研、人才培养质量、师资建设、管理制度、校园文化等监测评估,开展对学生及其家长、用人单位等的满意度调查，努力形成自主发展、特色发展、可持续发展的良性机制。

（五）建立民主参与机制

学校要落实《学校教职工代表大会规定》，加快推进教职工代表大会建设，完善和落实学生代表大会制度，依法保障广大教职工和学生参与学校民主管理和监督。要完善家庭、社区联系和合作机制，构建家校社协同育人机制，保障家长、社区、学生等相关主体对学校教育教学、管理活动实施监督，提出意见建议。要加强学校教学、科研、评聘等方面专业学术组织建设，出台规程，规范组成、权责和运行规则，实现行政权力与专业学术权力相对分离，保障专业学术权力相对独立。

三、现代学校制度建设的保障机制

（一）建立导向机制

学校要树立科学的政绩观，改变"一刀切"式的行政指令型管理，治理重心聚焦于教育教学、教师专业成长、学生全面而有个性发展，构建一套能够有效进行决策、指挥、控制、信息反馈的自组织结构。

（二）建立动力机制

学校从管理走向治理的核心是要处理好行政力、学术力与民主权力的关系，真正实现学术治学，发挥学术管理在学校治理中的重要作用。要处理好决策权、执行权与监督权的关系，建立健全决策权、执行权、监督权之间既相互制约又相互协调的权力结构和运行机制。

（三）建立实施机制

学校要坚持党管干部的原则，尊重校长岗位特点，倡导教育家办学，推行校长职级制，努力造就一支政治过硬、品德高尚、业务精湛、治校有方的高素质、专业化校长队伍。要坚持党管人才的原则，支持教师大胆实践，更新教学理念、改进教学方法，形成教学特色、办学风格，让教师能够把时间和精力更多地用于做自己分内的事，静心教书、潜心办学。

（四）建立反馈机制

学校要融通学校、家庭、社会边界，打破封闭的状态，要推进学校、家庭和利益相关者共同治理。要加强家庭教育指导服务，推进信息公开，保障人民群众的教育知情权、参与权与监督权。要积极引导校外专家和专业机构走进校园破解素质教育难题、共商高质量发展大计。要加强教育智库建设，探索第三方参与学校治理模式，提高学校治理专业化水平。

总之，中小学要面对现实问题，主动适应时代变化，不断改革不适应实践发展要求的体制机制，构建完备、科学、有效的现代学校制度和运行机制，不断发挥治理体系的效能，推动学校制度化、规范化、程序化、科学化发展。

第四节　学校现代化治理体系的标准体系建设

学校标准是可量化、可监督、可比较的规范，是配置资源、提高效率、推进治理体系现代化的工具，是衡量工作质量、发展水平和竞争力的尺度，是一种具有基础性、通用性的语言。学校要转变传统管理办法，加快建立统一的办学标准体系，形成依据标准进行规范化管理的共识和工作机制，把学校的管理从微观管理、直接管理转向宏观管理、间接管理，激发学校内部各办学主体的生机和活力。

一、学校标准体系建设的重大意义

（一）学校标准是办学的重要依据

进入新时代，学校标准体系建设的重要性愈益凸显，但在学校还存在标准意识不强，制定标准不够科学规范，标准覆盖不全面，组织实施标准规范不够习惯、不够经常等问题；一些学校虽然制定了部分标准规范，但是在一些领域仍然存在空白，有的已经不合时宜，有的甚至相互矛盾，急需学校提高标准意识，尽快完善学校标准体系的顶层设计，建立科学化、系统化的标准体系，发挥标准对办学的规范性、基础性作用。

（二）学校标准是办学的实际需求

学校标准对规范办学行为、明确办学目标、矫正办学方向、找到科学的办学路径具有重要的引领作用。但在实践中，存在碎片化、随意性的现象，一些学校管理者和教师尚未树立标准观念，还没有形成事事有标准、按标准办事的习惯。急需增强标准意识和标准观念，形成按标准办事的习惯，提升运用标准的能力和水平。

（三）学校标准是办学的重要引领

标准具有强制性、权威性、普适性，可对照、可观察、可量化、可比较、可评估的标准体系和工作机制对学校各部门、各项工作具有重要的引领作用。当前，学校办学中存在标准不高、内容不全、路径不清等问题，甚至出现违背教育规律、浪费教育资源等情况，急需学校完善标准、对标标准，改进办学行为、提升办学能力、提高办学水平。

二、学校标准体系的主要内容

近年来，国家不断完善办学标准体系建设，为学校标准建设提供了依据。但是，需要重视的是国家出台的标准比较宏观，也没有全面涵盖办学的各要素，而且只是底线要求。这就需要学校在实践中结合办学实际情况，不断丰富标准内容，不断提高学校标准的要求，加快建成内容科学、结构合理、衔接有序、富有特色的学校标准体系，提高学校标准的有效供给能力。

（一）学校的硬件配置标准

学校要制定学校基本建设标准，学校教学、办公、运动场、食堂、厕所、宿舍、实验室、特色课程功能室、图书馆、阅览室等硬件设施建设标准。要制定校园环境建设标准，统一学校色彩、造型等外观文化标识。要完善装备配置标准，包括教学、运动、实验、图书、阅览等装备配备标准，制定学校宿舍、食堂、厕所等生活设施设备配置标准，制定实验、实践、艺术、体育、卫生、心理健康、劳动等教育教学设备配置标准，制定学科和特色课程专用的教学装备配备标准等。要制定教育信息化标准，包括教育信息化设施与设备标准、软件与数据标准、运行维护与技术服务标准、教育网络安全标准、教育信息化业务标准、在线教育和数字教育资源标准、教师信息技术应用能力标准、学生信息素养评价标准等。

（二）教育教学专业标准

学校要制定学校教学基本规范，包括学校各学科建设、课程建设、常规教学管理、教学实施、教学方式、课堂教学效果、教育科研、作业批改、课后服务、学生管理、学生发展指导等方面标准。要制定教师队伍建设标准，包括健全教师准入、教师配备、教师职业道德、教师专业发展、教师激励、教师培训、教师管理信息等标准。要制定教学质量评价标准，包括学生品德发展、学业发展、身心健康、艺术素养、劳动实践等方面质量监测标准。

（三）学校管理标准

学校要制定学校管理标准，包括学校内部治理结构、人事管理、决策体制机制、执行体制机制、沟通协商体制机制、民主监督体制机制等方面的规范和标准，形成科学高效的学校管理制度。要制定学校经费管理标准，包括学校各管理单元的经费拨款、资金使用、项目建设、经济行为等标准，建立严格的内控制度。要制定学校校园文化标准，包括学校办学理念、育人目标、校风教风学风、校服、校徽、校歌、校旗、校章等标准，形成学校特色的形象识别系统。

三、学校标准体系的保障机制

（一）规范学校标准制定程序

学校制定标准应当依据国家规范性的政策、标准，加强对区域和学校实际情况的研究，深入调查论证，广泛征求意见，在教育科学研究和学校实践基础上，制定高于国家基本要求的标准，保证学校标准的合法性、科学性、规范性、时效性。学校要善于将发展中的典型经验，提炼并总结成学校标准，通过标准方式形成可复制、可推广的经验，发挥示范引领作用。

（二）完善学校标准实施机制

学校制定政策、决策工作时要积极引用标准和有效使用标准，维护学校标准在学校制度体系中的权威性，提高运用标准的意识和能力。学校在对工作考核评价、督导检查时，要充分发挥标准的支撑和引领作用，对照标准，指导、改进工作，加大标准执行力度。

（三）提高学校标准的质量

健全学校标准的制定机制，把制定学校标准作为学校重大决策，纳入学校规划之中。充分发挥专业机构或教育智库的作用，健全制定标准的智力支持系统。健全学校标准审查机制，把民主参与、合法性审查作为前置程序，对违反国家上位规定或者不适应学校发展实际的标准，要及时清理、调整、修订，避免标准不衔接和老化陈旧等问题。

总之，学校标准体系是学校现代化治理体系的重要内容，学校要在实践中不断完善标准体系框架、丰富标准内容、规范标准制定程序、强化标准意识和标准观念，形成按标准办学的习惯和依据标准进行规范化管理的共识，增强学校工作针对性、有效性，推动学校内涵发展。

第五节　学校现代化治理体系的校务公开制度

校务公开是学校治理体系和治理能力现代化的重要组成部分。是办学治校中不可或缺的环节和基础。学校要坚持"以公开为常态、不公开为例外"的现代理念，大力推进校务公开，不断提高工作"透明度"，确保教师、家长、学生、社会及时、便捷、有效地了解学校各种政策、获取各类学校信息，凝聚各方面力量办好学校。

一、校务公开的重要意义

（一）校务公开能够增强学校公信力

公开透明是现代社会的基本特征。学校把各项政策和重要事项主动、依法、及时、全面、准确公开，主动让社会了解学校办学情况，保障师生家长知情权、监督权，对赢得校内外共识，提高学校的公信力具有重要意义。

（二）校务公开能够提高决策科学化水平

学校要牢固树立民主治校理念，全面推进决策、执行、管理、服务、结果全过程公开。让权力在阳光下运行，保障教师、学生、家长参与权、表达权是学校发展民主、提高决策科学化水平的重要途径。

（三）校务公开能够提升学校办学水平

学校要围绕保障教育公平和提升教育质量，围绕教育重大决策部署和公众关切，进一步加强职能公开、依据公开、程序公开、结果公开、监督公开，以公开促落实，以公开促规范，以公开促服务，进一步提高学校治理能力和办学水平。

二、校务公开的主要内容

（一）公开办学信息

学校按照信息公开有关规定，及时、准确地公开办学信息，保障教职工、学生、社会公众对学校重大事项、重要制度的知情权。

（二）公开政策文件

学校要及时公开涉及师生和家长切身利益的政策文件，包括教育法律和规范性文件、学校概况、财务信息、招生情况、学生管理、教师管理、校园安全、基本建设招投标、培养目标与课程设置、教育教学安排等。

（三）公开突发事件

学校要做好突发事件应急处理预案、预警信息和处置情况公开，对突发事件要及时回应，掌握舆论主动权，坚决避免不公开、半公开，甚至是假公开，树立并维护学校的良好形象和声誉。

三、校务公开的方法途径

（一）强化政策解读

学校发布的重大决定、政策（应当保密的除外），要及时评估风险，准确、及时解读，坚持公开与方案解读同步组织、同步部署。可以通过教代会、教师会、家长会、散发材料等多种形式，全面介绍决定的政策背景、目标任务、主要内容、落实措施，全方位、多角度、形象化、通俗化解读。政策执行过程中，要密切跟踪实施情况，根据事情发展变化，分段、多次、持续开展解读。

（二）回应社会关切

学校要建立健全舆情收集、研判、处置和回应机制，全面监测舆情，加强研判处置，提升回应效果。特别重大、重大突发事件的舆情，要及时发布权威信息，表明态度观点，通报进展情况，说清举措，正确引导舆论。

（三）拓展公开渠道

学校校务公开除去传统公示栏公示、新闻发布会之外，要充分发挥网站、微博、微信等新媒体作用，打造集政策发布、服务沟通、信息传播、知识共享等功能于一体的学校新媒体平台，积极扩大新媒体的网络传播力和社会影响力，及时发布信息，解读政策，引导舆论，提高宣传引导的针对性和有效性。

四、校务公开的保障机制

（一）大力推进决策公开

在重大决策措施、重大改革方案、重点工程项目等涉及师生切身利益、社会关注度高的事项决策前，要把公众参与、专家论证、风险评估、合法性审查、集体讨论决定确定为法定程序，通过听证座谈、调查研究、咨询协商等方式广泛听取各方面的意见，提高决策水平，保证公开信息的合法性、科学性。

（二）大力推进执行过程公开

及时主动公开重要政策执行、重大工程项目实施情况和学校教育教学等方面改革发展进展和成果，扩大政策传播范围，提高师生知晓度，及时听取各方意见建议，保证公开信息的时效性。

（三）大力推进结果公开

对学校重大决策、重要政策落实情况、重大工程项目实施结果、教育质量标准、质量监测结果、年度工作重点和工作总结等群众关注的信息，及时向公众公开，赢得教师、学生家长、社会的理解，保证公开信息的权威性、公信力。

校务公开，核心是"公开"，关键在"真实"，根本在"监督"。学校要不断提高校务公开信息化水平，让权力在阳光下运行，让学校工作在公开中接受监督，不断提高办学治校水平。

第六节　学校现代化治理体系的依法治校建设

法治是现代教育治理的基本特征，在教育现代化进程中具有引领性、基础性、规范性、保障性的重要地位和作用。学校现代化治理体系，需要用法治来引领、以法治为保障、靠法治来奠基。中小学要加快推进依法治教、依法治校步伐，将法治思维运用于认识、分析、处理问题的全过程，将法律作为判断是非和处理事务的准绳，崇尚法治、尊重法律，善于运用法律手段解决问题和推进工作。

一、依法治校的重要意义

（一）依法治校是加快教育现代化的迫切要求

教育要现代化，治理体系首先要现代化。近年来，中小学面临的教育内部、外部环境已经和正在发生变化。一方面，教师、家长、学生的民主意识、法治意识和权利意识日益增强，对教育公平、制度公正和个人权益的保护高度关注；另一方面，教育评价中的"五唯"问题，教育教学过程中侵害师生合法权益的问题，教育管理中的越位、缺位、错位、不到位问题等体制机制上的顽瘴痼疾仍然存在。两者叠加，造成了各种矛盾冲突，有的甚至很激烈，严重影响了学校稳定和教育发展。凡此种种，迫切需要学校提高依法治校水平，引导和规范教师教育管理行为、学校办学行为、群众维权行为，有效调整各种矛盾和纠纷，加快把我们的思维方式、决策方式、工作方式转到法治化的轨道上来，逐步破解有法不会用、有法不管用、有法不敢用等深层次问题。

（二）依法治校是提高学校管理水平的重要途径

依法治校是学校治理的基本理念，也是学校管理的基本方式。学校要牢固树立抓法治就是贯彻党的意志和方针政策、抓法治就是维护人民群众根本教育权益的观念，改变那种法治工作是隐性的工作、是慢功夫，抓了不见得出成绩、不抓不见得出问题的片面认识，谋划工作要运用法治思维，处理问题要运用法治方式，想问题、作决策、办事情要合乎法律规定，切实提高运用法治思维和法治方式推动教育改革发展、化解矛盾、维护稳定的意识和能力。

二、依法治校的主要内容

（一）完善制度体系

学校要依法制定学校章程，大力推进依章程自主办学，做到真正按章程办事治校，自觉维护学校章程的权威性。要统筹规划校内制度建设，健全学术委员会、教职工代表大会、家长委员会等制度，提高制度建设质量，推动形成以章程为核心，规范统一、分类科学、层次清晰、运行高效的学校制度体系。要建立法律顾问制度，完善规范性文件、重大决策合法性审查机制，健全规范性文件备案审查制度，把更多精力放在对学校办学活动合法性的监管上，提高学校管理的法制化水平，坚决杜绝出现有悖于法治原则的管理手段和规定。要完善师生权益保护机制，健全教师、学生申诉制度，让师生反映诉求有渠道、权益保护有依靠，让每一个受教育者和教育工作者在学校管理中都能直接感受到法治的力量。要建立公益性法律服务机制、学校风险防控机制、学校安全事故依法调解制度和校内纠纷化解机制，把矛盾纠纷消解在萌芽状态，建立和完善保障学校依法办学的制度环境。

（二）提高教师依法执教能力

加强教师法治学习和培训，组织教师学习《宪法》《教育法》《教师法》《未成年人保护法》《关于加强和改进新时代师德师风建设的意见》《家庭教育促进法》《中小学教育惩戒条例》等对教师教育教学行为的基本要求，提升教师的法治观念，增强依法执教意识。规范执教能力。教师的教学要坚持弘扬社会主义核心价值观，遵守国家法律和国家政策要求，不散布有违国家法律和社会公德的言论，不传播不健康或负能量的内容。在学生教育上要注意尊重学生的名誉权、荣誉权、隐私权等人格权利，不能有损及学生人格尊严之言行，不能有体罚和变相体罚学生的行为。

（三）加强学生管理法治水平

学校要遵照国家相关法律要求，依法制定和完善学生管理制度建设，明确学生的权利和义务。制定章程或者关系师生权益的重要规章制度，要贯彻民主、公开原则，要积极、充分听取学生、家长意见，实现依法管理。对涉及学生基本权利的规章制度，要与国家法律、法规及教育行政规章相一致，不能出现违背上位法限制，甚至损害学生基本权利等条款，不断提升学生管理的民主化、法治化和科学化水平。要有针对性地对学生进行法治培训，不断切实提高学生的法律意识和法律观念。要规范学生管理程序，依法依规严格处分程序，切实保障学生的申辩权和申诉权，保障学生合法权益。

三、依法治校的保障机制

（一）完善体制机制

学校要建立健全领导机制、工作机构，加强依法治校队伍建设，明确校领导分管法治工作，统筹学校法治工作力量。要进一步密切学校和公安、检察院、法院、司法等部门的合作，营造良好的依法治校外部环境。

（二）加强考核评价

学校要把依法治校的能力和成效作为评价教师、管理的重要内容，对违法的教育教学行为实行一票否决，切实推动形成学校依法治校、教师依法治教、学生依法管理的格局。

（三）营造尊法学法氛围

加强对学生和家长进行法治宣传教育，使家长养成尊重学校、尊重教师，通过合法合理渠道处理家校矛盾的法治意识。要把握青少年的认知特点和规律，将法治教育有机融入教育教学之中，培养学生知法、敬法和遵纪守法的良好习惯。

总之，学校要进一步提高依法治校的意识，真正发挥法治定分止争、消除乱象、维护权益、理顺关系、规范行为的作用，推动形成学校依法办学、教师依法执教、家长依法维权的新局面。

第七节　学校现代治理体系的督导评价制度

校内督导评价既是学校教育决策、执行、监督体系的重要一环，也是教育评估监测的统领者、学校问题的发现者、学校工作改进的推动者。学校要进一步建立健全校内督导评价机构，完善校内教育教学行为督导和质量评价监测内容及办法，强化督导评价结果的运用，形成全面覆盖、运转高效、结果权威、整改有力的校内督导评价体制机制。

一、督导评价的重大意义

（一）督导评价是现代管理的需求

中小学管理内容多、学段多、情况复杂，很多都涉及长期形成的利益格局的调整、权责关系的重塑、管理模式的再造、工作方式的转型，传统管理和评价办法已无法适应管理需要，需要进行"自我革命"。要着重解决好执行国家法律法规和方针政策情况的督导，解决好对教师和学生教学质量的评价监测，及时发现问题，督促整改。

（二）督导评价是提升质量的需求

当前，人民群众对更高质量、更加公平、更具个性的教育需求也更为迫切、更为多样，教育形态、知识获取方式和传授方式、教和学关系正在发生深刻变革，但在学校中，低效的"满堂灌"课堂教学仍然占据主流，单纯以升学率考核学校和教师、单纯以分数评价学生的现象还没有消除，择校热、学生课业负担重等现象依然存在，教学质量还无法满足人民群众对优质教育的需求。这些都需要学校对教育教学进行有效的监督检查、指导评价，解决教学质量提升中深层次的矛盾和问题，满足社会多样化的人才需求，满足人民群众的教育期盼，推动形成学校高质量发展的可持续发展的长效机制。

（三）督导评价是学生发展的需要

近年来，教育领域的热点难点问题突出，校园安全事故、暴力事件、师德败坏事件等时有发生，违背党的教育方针、背离素质教育导向、不按国家课程方案和课程标准实施教学等行为仍然存在。其中一个重要原因是学校办学不规范、管理水平不高。这就需要学校尽快建立校内督导评价制度，加强对依法依规办学行为的有效监督和指导，加强对教师教育教学与管理行为的指导和服务，尽快改善学校管理、优化教育决策，保障教育工作开展。

二、督导评价的主要内容

（一）建立健全督导评价制度

学校要建立健全督导评价机构设置，创新工作机制，理顺管理体制，充实督导力量，确保学校督导机构独立行使职能。学校可以聘请学术水平高的优秀教师担任专职或兼职成员，完善督导评价的责权、程序、内容，定期通过教师述职、年度考核、听评课、章节达标、阶段抽测等方法，组织实施对学校管理、教学质量等工作的督导评估、检查验收、质量监测。学校要完善督导结果的反馈、整改、复查、激励、约谈、改进等方面的落实制度和监督改进机制，强化学校督导评价职能的行使。

（二）完善督导评价的标准

建立科学化、常态化、规范化的督导标准，是发挥督导标准的对管理、教学的牵引和导向作用的前提。要建立学校素质教育督导评价标准，开展对贯彻落实党的教育方针、学生全面而有个性发展等方面进行督导评估，确保落实立德树人根本任务，促进学生德智体美劳全面发展，引导学校办出特色、办出水平。要完善学校管理督导评价标准，积极开展对学校党建及党建带团建队建、德育、科学研究、师德师风、办学行为、办学条件、资源配置、教育收费、安全稳定等情况进行督导评估，督促指导提高管理水平。要完善学校质量检测评价标准，开展对常规教学过程、课堂教学效果、课后服务效果、学生学习效果等方面进行督导评估，督促教师优化教育教学过程，改进教学和学习方式，提高教学质量。

（三）提高督导评价人员的专业水平

学校督导评价是一项专业性很强的工作，督导评价人员的专业水平决定了学校督导评价工作水平。学校要综合考虑校区、学段、学科和专业特长，聘任师德高尚、业务精湛，在教师队伍中有威信、学术水平高的优秀在职或退休教师担任督导评价人员，提高督导评价队伍专业化水平。开展督导评价专业化培训，严格督导队伍管理监督，不断更新教育理念，改进方法，提高督导评价的科学性、专业性、权威性。也可以引入第三方专业督导评价服务机构，形成多元参与的督导评价体系，保证督导评价的科学性、规范性、独立性，切实提高督导评价的质量。

（四）改进督导评价方法

学校要大力强化信息技术手段应用，充分利用互联网、大数据、云计算等开展督导评价工作。要坚持综合督导评价与专项督导评价相结合、过程性督导评价与结果性督导评价相结合、日常督导评价与随机督导评价相结合，不断提高督导评价的针对性和实效性。要加强督导评价工作统筹管理，科学制订督导评价计划，控制督导评价频次，避免给学校和教师增加负担、干扰正常教育教学秩序。

三、督导评价的保障机制

（一）压实督导评价的责任

督导评价制度是攻克当前教育改革难点，提升学校治理水平，深化教育教学改革的重要探索。学校主要领导要高度重视、亲自抓，进一步优化学校内部治理结构，明确督导评估的总体要求，明确人员分工和工作职责，科学制定督导评价主要内容和程序，大力支持、充分发挥督导评估的监督、指导、改进作用。

（二）建立常态化督导评价机制

学校每学年要对学校各部门开展一次管理工作的全面督导评价，督促各层级落实学校决定，规范办学行为，确保党的教育方针在学校落地生根。每学期要对教师学科教学质量、班级年级教学质量进行一次专题督导评价，及时监测教育教学质量，确保各学科和每个学生达到国家课程要求的质量标准。对学校存在的问题，组织开展经费使用、师德师风、校园安全、德育、智育、体育、美育、劳动等专项督导，做到哪里有教育问题，哪里就有督导评价，为学校发展发挥积极作用。

（三）加强督导评价结果的应用

学校要建立健全督导评价意见的反应机制，对督导评价中暴露出的问题，要采取反馈、约谈、通报等方法，督促相关部门和人员加以改进，确保督导评价结果真正落实见效。探索建立督导评价结果综合运用机制，搭建互联互通的信息共享平台，共享督导评价结果信息，扩大督导评价结果运用范围，将其作为资源配置、干部考核和表彰奖励的重要依据。

客观、科学、公开、公正的督导评价，是增强学校工作针对性、有效性的前提，是推动学校内涵发展、提高教育质量的有力保障。我们要不断探索和完善，促进建立多元化、科学化、透明化的督导评价体系，发挥督导评价强大的导向和助推作用，推动学校高质量发展。

第八节　学校现代化治理体系的信息化建设

从全球来看，当前新一轮科技革命和产业革命正在孕育兴起，教育信息化正在成为教育系统性变革的内生变量，支撑和引领着教育现代化发展，推动着教育理念更新、模式变革、体系重构。在此背景和基础上，教育信息化已经不再是单纯的基础设施建设，也不仅仅是作为一种实现教育改革的现代化工具，而是需要和我们的学校治理进行深度融合，把理念、模式、机制、评价各方面全方位纳入到教育信息化的整体框架下，以信息化支撑引领教育治理体系和治理能力现代化。

一、学校治理信息化的重要意义

（一）学校治理信息化是教育发展的重要途径

站在新的历史起点，必须聚焦新时代对人才培养的新需求，强化以能力为先的人才培养理念。但传统的教育教学和管理手段已经无法满足教育迅猛发展的需要，不断增加的课程、不断提高的要求、不断面临的发展任务，让教师不堪重负。破解这一难题，没有别的办法，只有结合已开始在教育过程中广泛应用的"互联网+"、大数据、新一代人工智能等重大信息技术，充分重视和发挥信息技术拥有的人工无法代替的优势和特点，为学校办学治校和教育教学改革发展服务，构建泛在信息环境，使教育教学和学校管理过程真正实现可追溯、可检验，为学校治理现代化提供强有力的技术支撑。

（二）学校治理信息化是技术发展的必然要求

马克思主义认为，生产力决定生产关系，科学技术是生产力中最科学最革命的因素。邓小平在此基础上提出科学技术是第一生产力的论断。人类发展历史证明，每一次科学技术的重大进步，都会带来深刻的社会变化。近年来，5G 网络、人工智能、大数据、区块链等信息技术迅猛发展，并广泛应用到教育领域，呈现出突破时空限制、快速复制传播、手段丰富的独特优势，正在深刻改变着教育形态。学校要把信息技术与教育教学、学校管理深度融合，提升教学的方式、改变人才培养模式、重塑管理的样态，大力提高教育教学质量、科学决策能力和综合治理水平。

（三）学校治理信息化是学校发展的迫切需求

近年来，学校已经基本上建成了高速的信息网络、配备了先进的技术设备，信息技术应用能力明显提升，信息化对教育发展的推动作用大幅提升，为学校治理现代化奠定了坚实的技术基础。但是，仍然存在信息技术还没有被充分运用在治理中、大数据资源开发与服务能力不强、信息化治理环境建设与应用水平不高，管理人员信息技术应用能力和创新能力尚显不足等问题，总体上还与新时代的要求存在较大差距。这就需要我们充分激发信息技术对治理体系和治理能力的革命性影响，推动教育观念更新、模式变革、体系重构，让信息化带动学校治理的现代化。

二、学校治理信息化主要内容

（一）学校治理工具的便捷化

信息化把教师、学生、家长和社会紧密联系在一起，借助于智能移动终端能够迅速采集需要的信息与数据，并通过大数据分析技术将错综复杂的信息和数据简约化、形象化，及时、准确、直观地呈现给不同管理主体，最终形成大规模的意见交互，构建起多元参与的教育治理新机制。学校要依托信息化方式再造各项管理业务及流程，使管理主体定位更清晰、权限更明了，各项管理事项设置更加合理、流程更加优化，并使管理过程可检验、可追溯。

（二）学校治理信息的共享化

"互联网+"的信息化治理方式连接了学校治理的各项信息数据，实现了治理内容、办事申请、审核审批、反馈监督的"一条龙"服务。学校要着力提升学校管理者、师生、家长信息素养，通过智能客户端，迅速获取所需的信息与数据，并及时反馈信息和进行相互间的交流，把管理、办学、评价以及教学和学习引向深入，实现学校治理目标。

（三）学校治理过程的科学化

物联网、智能穿戴设备、区块链、大数据、人工智能等信息技术的发展使得信息数据伴随式收集、大数据可视化分析以及管理过程可记录、可追溯成为可能。学校要充分利用信息技术建立基于全面感知的数据研判、决策治理一体化智能管理模式，为学校管理、教育教学、后勤、财务、安全等精细化管理提供瞬时反应、高效联动的解决方案。

三、学校治理信息化的保障机制

（一）加快学校治理信息化建设步伐

学校要着力推进学校信息化建设，加快建设信息化、智慧化、智能化校园，统筹建设一体化智能化教学、管理与服务平台。学校要全面接入互联网，带宽能满足学校治理需求，无线校园和智能设备应用逐步普及，教育资源平台和教育管理平台实现融合发展，信息化教、学、管、用覆盖全校各部门、全体教师和全体适龄学生。

（二）提高学校治理信息化能力

学校要优化学校业务管理信息系统，深化云计算、大数据、人工智能等新技术应用，构建全方位、全过程、全天候的支撑体系，全面提升管理信息化支撑教育教学、管理和服务的工作能力，加快形成现代化的学校管理与监测体系，推进管理精准化和决策科学化。

（三）丰富学校信息资源供给

学校要加快建成学校数字资源供给体系，逐步实现资源平台、管理平台的互通、衔接与开放，实现信息共享、业务协同的信息资源库。要建立数字资源共享机制，打破数据壁垒，完善数据标准规范，实现一数一源和伴随式数据采集，促进治理数据分级分层有效共享，避免数据重复采集。

（四）提升教师队伍信息化素养

学校要鼓励教师主动适应信息化、人工智能等新技术变革，提升学校管理者信息化领导力和教师信息素养，加快信息技术和学校管理、教育教学融合。

应当肯定的是，目前学校信息化建设取得了巨大发展。然而，大部分学校仅局限于在教学、考试、安全方面的应用和各自为政的碎片化、浅层次的信息传播，信息技术只是作为管理和教学的辅助工具，远远没有适应学校治理信息化的要求。现代化学校需要进一步加强学校信息化建设，提高利用信息技术支撑保障教育管理、教育教学和服务的能力，提升学校治理科学化、便捷化水平。

第四章　现代化学校激发办学活力新思维

　　落实中小学办学自主权，激发办学活力是落实学校办学主体地位、发挥教书育人功能的重要前提，是实现中小学高质量发展的基础性工程，是治理体系和治理能力现代化的重要内容。党和国家历来重视教育，出台了一系列政策，构建了教育发展的"四梁八柱"，极大地激发了中小学教书育人的积极性、干事创业的激情，中小学发展呈现良好态势。但同时，中小学缺乏办学自主权、内部治理机制不健全、保障机制不完善、干扰因素过多等问题凸显，严重制约了中小学办学活力。究其原因，仍然是政府对学校管得太多，导致学校活力出不来，而该政府出面为学校排忧解难的服务又不到位。学校是办学主体，要深化相关方面的体制机制改革，尽可能地把资源配置、经费使用、考评管理等交给学校，保障学校的事情由学校来办。要着力破解当前影响和制约中小学办学活力的思想障碍和制度藩篱，充分激发中小学教书育人的积极性、创造性，增强学校发展动力，形成师生才智充分涌流、学校活力竞相迸发的良好局面。

第一节　现代化学校要落实办学自主权

站在两个百年的交汇点上，人民群众对教育需求已经从"有学上"转变到"上好学"，亟待办好每一所学校、上好每一门课，教好每一个学生。但是，当前面临的一个突出问题是由于教育行政部门或其他政府部门统得过死、管得过死，导致中小学缺乏教育教学自主权，没有自主开设校本课程的空间和课时；没有用人自主权，不能招聘到适合的教师；没有经费使用自主权，经费使用程序烦琐、效率较低；绩效工资分配没有自主权，未能发挥应有激励作用等。这些问题严重影响和制约了办学积极性、教师积极性，亟待推进体制机制和政策等多方面的创新，激活学校办学的各种积极要素，进一步释放和增强每一所学校的办学活力。当前，中小学要落实"三个自主"，解决"能干事"的问题。

一、落实学校教育教学自主权

学校是课程教学实施的基本单元，教师是教学的核心，提高办学治校和育人质量，是学校主责主业。

（一）强化学校主阵地作用

学校肩负教育教学的主体责任，必须严格遵守、遵循国家教育方针、课程方案、课程标准、学生减负和教学质量等方面的基本要求，在此基础上自主安排教学计划、自主运用教学方式、自主组织研训活动、自主实施教学评价、自主实施跨学科主题教学，办出水平、办出特色，确保学生达到国家规定学业质量标准。

（二）发挥教师核心竞争力

教师是教育第一宝贵的资源，肩负教育教学的主体作用。教师要严格遵守教育法律法规，严守师德规范，遵循教学规程，我们要充分相信教师，在此基础上，鼓励和支持教师守正创新，探索建立精准化、个性化的教育教学方法，开展生产性、实践性的教育教学活动，积极构建启发式、互动式、探究式教育教学模式。

（三）营造教育良好生态

由于一些历史的和体制机制方面的原因，教师对学生惩戒的界限不清、教育政策不明、"校闹"时有发生、教师负担过重等问题成为制约学校、教师正常开展工作的突出问题。学校要依法严肃校规校纪，明细各方责任，保障和规范教师依法履行教育教学和对学生的教育管理责任，有效排除学校正常教育教学秩序的干扰因素。

二、落实学校人事管理自主权

学校人事管理是学校履行教育教学职责的必要手段和法定职权，也是激发学校办学活力非常重要的前提和基础。

（一）自主设置机构和聘任干部

长期以来中小学没有机构设置和选聘干部权力，在工作中产生了很多问题，制约了学校活力。政府部门应逐渐放权，副校长可以由学校按照规定的条件和程序提名、考察、聘用，并报上级管理部门备案；内设机构和中层干部可以由学校根据办学实际需要，按照精简高效的原则，自主设置内设机构、自主确定产生办法、自主选聘中层管理人员。

（二）自主招聘教师

要尊重和发挥学校在教师公开招聘工作中的重要作用，学校最知道自己需要什么样的教师，但长期以来，教师招聘都是由上级人事部门负责，学校没有发言权，造成招聘的教师不一定适应学校需求。学校可以根据学校教育教学需要，确定教师招聘需求和岗位条件，并全程参与面试、考察和拟聘人员确定。探索先行面试后笔试的招聘办法，鼓励具备条件的学校自主组织招聘。

（三）自主管理教师

教师管理涉及职称评聘、晋岗晋级、人员聘任等问题，直接关系教师切身利益和学校发展。具备条件的学校可以自主评聘中级职称和岗位；高级职称和岗位按照管理权限由学校推荐或者聘用。结合"县管校聘"，建立教师聘用合同管理制度，推行竞聘上岗，逐步使教师从"身份管理"向"岗位管理"转变，形成教师岗位能上能下、人员能进能出的机制。

三、落实学校资金使用自主权

现行的学校经费预算、使用规定过死、过细，程序烦琐，无法满足学校有效使用、正常运转，无法发挥教育经费使用效益，已不适应当前教育发展新形势的要求。

（一）提高教育经费使用效率

学校根据教育教学需要，按照有关规定和需求自主提出年度预算建议、自主执行批准的预算项目、自主使用经费，确保学校可以把经费用于学校发展最需要的地方。

（二）发挥绩效工资的激励作用

要充分发挥绩效工资的激励功能。目前很多地方采取的是"分蛋糕"，按人头直接拨付，更多的是"体现公平"，弱化了绩效工资激励功能，变相成为"吃大锅饭"。学校要健全科学合理的绩效考核办法和绩效工资分配办法，在保障教师合法权益的基础上，加大奖励性的绩效工资分配力度，有效体现教师工作量和工作绩效，坚持向教育教学实绩突出的一线教师和班主任倾斜。

（三）鼓励社会捐资助学

长期以来，学校饱受资金困扰，除上级拨款外，办学资金无政策、无来源。学校可以通过建立"校友基金会""专项基金"等方式，鼓励和接受社会捐资助学，并依法依规自主使用社会捐资助学的经费。

第二节　现代化学校要注重增强内生动力

激发中小学办学活力是一场硬仗，只有唤醒中小学的办学自觉意识，激发起中小学办学的内生动力，才能让学校办学活力不断增强，发展后劲越来越足。随着激发办学活力各项政策落实，过去捆住大家手脚的、限制学校活力的问题会逐渐得到破解，政策效果会逐渐显现出来。但同时，学校管理效能低下、评价体系不科学、激励机制不健全、文化氛围营造不充分等问题也暴露出来，成为导致学校缺乏内生发展动力的重要原因。当前，中小学要做到"四个提升"，解决学校"想干事"的问题。

一、提升学校干部领导力

学校党政领导是学校的"领头羊""定盘星""方向舵"，培养、选配、造就一支政治过硬、品德高尚、业务精湛、治校有方的高素质、专业化学校管理队伍，提升办学治校能力，是激发办学活力的关键所在。

（一）要有教育情怀

学校领导要认真学习领会党和国家关于教育工作的政策、路线、方针，认真落实上级关于教育的重大决策部署，以人民为中心，满怀教育理想，切实做到不忘立德树人初心，牢记为党育人、为国育才的崇高使命，立志成为新时代教育家、政治家，按照教育规律、办学规律和学生成长规律治校办学，大力发展素质教育。

（二）不断提高工作能力

中小学管理是专业性很强的岗位，不能让不懂行的人来当管理。要按照校长专业标准，不断加强学习，勇于担当，善于作为，清正廉洁，改革创新，以更高的工作标准来要求自己，不断提高自己的领导力，推进教育教学改革创新。

（三）完善成长激励机制

学校依照《中小学校领导人员管理有关办法》选聘好学校各级干部，下大力气解决学校领导职业倦怠问题。探索实施校长职级制，对政治坚定、业绩突出的校长，加大荣誉表彰和物质奖励的力度，激发校长办学治校的自觉性、积极性、主动性。

二、激发教师工作积极性

学校要着力构建校内激励体系，树立教师职业荣誉感，调动教师教书育人积极性，培育教师的教育情怀和工作热情，激发学校办学活力。

（一）增强教师职业认同感

教师是知识分子，有精神追求。学校要加大精神激励力度，通过建立教师荣誉制度，开展优秀教师、教学能手、师德标兵和优秀教学团队等方面的评选活动，充分展示教师的突出表现，增强教师的职业荣誉感。学校要把教师的思想政治工作和人文关怀摆在重要位置，把解决思想问题和解决教师的实际问题结合起来，增强教师职业的幸福感、归属感。

（二）提升教师专业感

教师的专业水平是提高学校办学水平的重要因素。学校要加大专业发展激励力度，通过建立教师专业发展制度，鼓励和保障教师参加培训、教研、学术研究活动，提高教育教学能力。学校要及时帮助教师诊断，精准指导教师改进教育教学，促进教师专业成长，提高教学水平。

（三）唤醒教师进步感

教师进步是学校进步的基础。学校加大岗位晋升激励力度，通过建立教师晋岗晋职制度，建立正确的用人导向，让积极因素迸发。要落实教师的岗位责任，把师德表现和教育教学实际作为职称评聘的重要依据，建立教师进步阶梯，调动教师的工作积极性和创造性。

三、发挥校园文化引领力

学校无文化，办学无活力。文化是一个学校的灵魂，是广大师生共同的愿景。文化引领着学校的发展，是学校办学气质的呈现，也是一个学校办学水平的重要反映。

（一）坚持立德树人的根本任务

学校要以新时代中国特色社会主义思想为指导，加强党对中小学工作的全面领导，全面贯彻党的教育方针，坚持立德树人的根本任务，坚持社会主义核心价值观，确保社会主义办学方向，形成积极向上、奋发有为、团结和谐的学校氛围。

（二）构建学校特色的文化

学校要构建特色文化体系，提炼富有文化内涵、时代特征和学校特色的办学理念、育人目标、校训、校风、学风、教风等思想识别系统，创作富有学校内涵的校歌、校徽、校旗、校服等形象识别系统，培育新时代学生的生活、学习、劳动、审美、体育、健康、公共关系等行为识别系统，使它成为一个优质学校的鲜明标志和符号，以文化来凝聚师生的价值追求和共同愿景。

（三）形成学校育人环境

学校做好学校绿化、美化和人文的环境建设，让校园的一草一木、一砖一瓦都来育人。要深入开展校园节庆、仪式等活动，春风化雨、润物无声，唤醒、激励、感染、凝聚师生力量，营造温馨的校园环境。

第三节　现代化学校要构建现代学校制度

落实学校办学自主权，激发学校活力对学校治理能力提出了严峻的挑战和更高要求。学校要处理好"政府、学校、社会"三方面关系，构建现代管理制度，才能把该管的管得好，确保权力在科学规范的轨道上运行，促进学校积极稳妥发展。当前，学校要做到"三个完善"，解决好学校"干好事""不出事"的问题。

一、完善宏观管理

教育是"国之大者"，关系到全面贯彻党的教育方针、落实立德树人根本任务的大战略，事关国家后继有人，加强对教育事业的管理是国家事权。

（一）学校要明确政府管什么

学校要认识到政府依法依规对学校落实国家课程方案和课程标准、规范使用教材、遵循学科教学基本要求、健全学校重大决策制度、加强师德师风建设、规范办学行为、减轻学生负担等方面进行重点管理，是保障学校正确办学方向的根本所在。学校必须服从管理，不能以创新、自主权等为理由，触碰"底线"，踩踏"红线"。

（二）学校要明确政府怎么管

我国幅员辽阔，地区之间、学校之间发展水平、管理水平存在较为显著的差异，政府会区别不同学校的实际情况，采取事中、事后监管的办法，构建差异化的监管方式。学校要依法依规依程序，严格按照上级要求规范办学自主权，对事业和历史负责。

（三）学校要明确自己怎么做

办学自主权是"双刃剑"，用好了能促进学校发展，用不好会使学校陷入混乱、滋生腐败、贻误事业。在现实中，有的学校管理能力很强、内部制度很健全、风清气正，有的学校管理能力较弱、管理比较混乱、风气不正、存在问题较多，学校要依据办学水平和管理能力，实行精准定向用权，不能贪多贪大，最后造成"消化不良"。

二、完善内部治理

完善学校内部治理结构，提高学校治理能力是激发学校活力的重要环节，对办好一个学校至关重要。

（一）建立高效决策体系

学校要加强党的全面领导，认真落实中央《关于建立党组织领导的校长负责制的意见（试行）》精神，加强党对中小学全面领导，健全发挥党组织领导作用的决策、运行、沟通协商体制机制，坚持科学决策、民主决策、依法决策，确保党组织履行好把方向、管大局、作决策、抓班子、带队伍、保落实的领导职责，使党组织成为学校教书育人的坚强战斗堡垒。

（二）建立通畅运行体系

学校要完善学校的章程，增强自我管理和自我约束的能力；要建立扁平化管理体系，明确职责、目标、考评，落实工作岗位责任制，形成科学高效运行机制；要完善各项规章制度，确保学校教育教学、学生管理、财务管理、经济行为、人事管理有章可循；要坚持民主集中制度，涉及发展规划、重要改革、重要建设、重大人事、安全稳定等重大事项和涉及师生员工切身利益的重要问题要按照民主集中制的原则集体研究决定。

（三）建立严密监督体系

教师在学校治理体系中处于核心地位，学校要建立并发挥教代会民主参与、民主监督的作用，涉及学校发展和关系教职工切身利益的重大问题，要听取教师的意见。要坚持依法办学，对重要事项要建立合法性审查、矛盾纠纷调解等制度。要坚持信息公开制度，保障学生家长和社会公众对学校重要事项的知情权。

（四）建立家校社协调体系

学校要及时听取社区和人大代表、政协委员、家长对学校工作的一些意见、建议，动员各方力量积极配合学校做好教育教学工作。

三、完善评价导向

教育评价事关教育发展方向。新时代教育评价要克服唯分数、唯升学、唯文凭、唯论文、唯帽子的顽瘴痼疾，从根本上解决教育评价指挥棒问题，扭转教育功利化倾向。

（一）学校要建立正确评价导向

学校承担立德树人的根本任务，要"破"重分数轻素质等短视化和功利化的办学行为，"立"德智体美劳的全面育人机制。坚持把学生全面发展作为评价根本标准，建立健全以发展素质教育为导向的学校办学质量评价体系，探索社会满意度评价、过程性评价和发展性评价办法，引导和促进学校持续改进提高办学水平。

（二）教师要突出教学实绩评价导向

教师承担教书育人重要责任，要"破"重科研轻教学、重教书轻育人等教学行为，"立"教育教学实绩的评价制度。坚持把师德师风作为第一标准，建立以学生发展效果为导向的教学质量评价体系，探索任课教师每学期对每个学生进行学业述评制度，引导教师潜心教学、全心育人。

（三）学生要突出全面评价导向

学生是未来建设者和接班人，要"破"以分数给学生贴标签的不科学做法，"立"全面发展的育人要求。坚持树立科学成才观念、完善德育评价、强化体育评价、改进美育评价、加强劳动教育评价、严格学业标准，引导学生全面而有个性发展。

第四节　现代化学校要营造良好办学环境

随着经济、社会、人口等发展，教育外部环境和主要矛盾都发生了深刻的变化。近年来，中共中央、国务院出台了一系列深化教育体制改革的重要文件，突破了长期以来困扰教育发展的深层次体制机制障碍，教育环境得到极大改善，为新时代中小学发展提供了有力保障。但是，办学环境与学校发展需要仍存在一定差距，影响着中小学的办学活力。当前，学校要重点做到"三个解决"，解决好学校"干成事"的问题。

一、解决好教师惩戒权的问题

教育惩戒是教师履行教育教学职责的必要手段和法定职权，关系到学校全面贯彻党的教育方针、落实立德树人根本任务的大战略，关系到维护师道尊严和营造良好教育生态的大问题。长期以来，由于规定不严密、不规范甚至缺失，影响了教师正确行使教育惩戒权，有的对学生"不愿管、不敢管"，有的"不善管、不当管"，有的过度惩戒甚至体罚学生，有的家长对教师批评教育学生不理解造成家校矛盾。学校要依据国家政策制定实施细则，明确教育惩戒的实施条件、程序、范围、限度等内容，对教师惩戒权进行规范和明确，既依法依规保护教师教育权利，妥善处理涉及学校和教师的矛盾纠纷，又维护教师合法权益，达到广大教师对学生既热情关心又严格管理要求。

二、解决好教师负担过重的问题

中小学教师过重的额外工作负担占用教师大量时间、耗费大量精力，影响了学校正常的教育教学秩序。学校要切实减少名目多、频率高的各种督查、检查、评比、考核等事项，减少交叉重复、布置随意的各类调研、统计、信息采集等活动。要减少向教师摊派的安全稳定、扫黑除恶、创优评先等工作，减少各种非教育教学工作对教师不必要的干扰，营造良好的教育教学环境，让教师全身心投入教书育人工作中，落实好立德树人的根本任务。

三、解决好校园闹事的问题

学校要为教师教学、管理的安全风险托底，解决教师后顾之忧，维护教师和学校应有的尊严。实践中，因学校安全事故、家校纠纷等引发的"校闹"导致学校承担了不应当承担的责任和压力，不敢正常开展体育教学、课外活动，干扰了素质教育的实施，有的甚至侵害学校、师生合法权益，挑战法律底线，影响社会稳定。学校要建立健全专业化的安全事故处理委员会、法律顾问等预防和处置的体制机制，建立人民调解委员会、法律援助诉讼等有效的纠纷化解机制，建立校方责任险、校方无过失责任险、学校安全综合险、人身保险、学校安全风险基金、学校安全赔偿准备基金或者学生救助基金等多元化的风险分担机制，及时化解和处置家校矛盾与纠纷。学校要敢于"挺起腰杆"，为教师撑腰做主，理直气壮和破坏法治底线、无理取闹的"校闹"行为做斗争，为教师创造良好的教书育人环境。

总之，激发办学活力是新时代教育体制机制改革的重要内容，是推进教育治理体系和治理能力现代化建设的重大任务，学校要增强办好学校的信心，不断进行自我革命和自我斗争，激发办学活力，为实现"第二个一百年"奋斗目标、实现中华民族伟大复兴的中国梦提供坚强人才支撑。

第五章　现代化学校领导体制建设新思维

　　加强党对教育工作的全面领导，是办好教育的根本保证。2021年11月24日，中央全面深化改革委员会第二十二次会议审议通过了《关于建立中小学校党组织领导的校长负责制的意见（试行）》（以下简称《意见》），从发挥中小学校党组织领导作用、支持和保证校长行使职权、建立健全议事决策制度、完善协调运行机制、加强组织领导五个方面，要求各地区各部门结合实际认真贯彻落实。深化中小学校领导体制，推进党组织领导的校长负责制建设，是我国中小学领导体制长期探索的历史选择，也是中小学领导体制的一次深刻变革，是办好学校的最大制度优势和政治底气。现代化学校要深入学习领会《意见》精神，准确把握党组织领导的校长负责制的历史发展方位，深刻认识实行的重大意义，正确理解其新的时代内涵，积极稳妥落实并长期坚持，切实把政治标准和政治要求贯穿办学治校、教书育人全过程各方面，把党的全面领导的政治优势充分转化为推动学校高质量发展的效能，保证党的教育方针和党中央决策部署在中小学校得到贯彻落实，切实解决好政策落实落地"最后一公里"问题，实现更好为党育人、为国育才。

第一节　中小学党组织领导的校长负责制的历史沿革

纵观国内外发展历史，不同于政府治理、社会治理、企业治理，中小学治理具有独特的治理理念、治理结构、治理程序、治理模式、治理规律等。新中国成立以来，适应不同时期经济社会发展的需要，迄今为止，我国中小学经历了校务委员会制、校长责任制、党支部负责制、上级党委和主管教育行政部门领导下的校长负责制、革命委员会制、党支部领导下的校长分工负责制、校长负责制、党组织领导的校长负责制等多种领导体制，在不同时期，都对我国基础教育发展起到了重大推动作用，为中小学领导体制建设和完善，提供了可贵的经验和教训。

一、新中国成立初期到改革开放初期的中小学校领导体制

（一）校务委员会制

1949 年到 1951 年，各地学校以进步的教职员和学生为骨干，组成校务委员会，管理和领导学校工作。这种体制在当时起到了维持学校、发扬民主、改造学校的作用，但也存在极端民主和工作无人具体负责的弊端。

（二）校长责任制

1952 年 3 月，经政务院批准，教育部颁布了中小学《暂行规程（草案）》，规定：中小学实行"校长责任制，设校长一人，负

责领导全校工作"。这种体制对改变学校工作无人具体负责的状况，发挥了积极作用，但由于缺乏监督，存在滋长个人专断、官僚主义的弊端。

（三）党支部负责制

1957 年基于对政治形势的认识和对校长责任制弊端的反思，1958 年中共中央、国务院发布《关于教育工作的指示》，指出："一长制容易脱离党委领导，所以是不妥的"，开始建立党支部负责制，强调党支部的"一元化"领导。这种体制契合了当时形势需求，在一定程度上纠正了个人专断和官僚主义，但也存在党支部包揽行政工作，支部书记指挥一切，党政不分、以党代政的弊端。

（四）上级党委和主管教育行政部门领导下的校长负责制

1963 年，中共中央转发教育部制定的全日制中小学《暂行条例（草案）》，规定："校长是学校行政负责人，在当地党委和主管教育行政部门领导下，负责领导全校的工作"，"党支部对学校行政工作负有保证和监督的责任"。这些规定比较适合当时的情况，加强了行政管理，整顿了教学秩序，保障了教育质量，但也存在政校边界不清、上级越权干涉、基层学校缺乏主动性和创造性等弊端。

（五）革命委员会制

"文革"开始后，先是有"群众夺权"，接着是工宣、贫宣、军宣队管理学校，后长期实行"革命委员会制度"。这种管理体制废除了行之有效的规章制度，使学校党政机构和学校管理走向混乱，干扰了正常的教学秩序，致使教育质量下降，被认为是新中国成立以来最低效的一种领导体制。

二、改革开放到中国特色社会主义新时代前的中小学领导体制

（一）党支部领导下的校长分工负责制

1978 年全国教育工作会议之后，教育部重新颁发中小学《暂行工作条例（试行草案）》，规定：中小学"实行党支部领导下的校长分工负责制，学校的一切重大问题，必须经过党支部讨论决定"。这一体制对于克服当时的混乱局面，使教育工作走向正轨是有益的。但是，随着形势的发展，这种体制越来越暴露出党政不分、权责分离的弊端，影响了学校管理水平、办学效益和教育质量的提高。

（二）校长负责制

1985 年，《中共中央关于教育体制改革的决定》指出："学校逐步实行校长负责制"，1993 年 2 月，中共中央、国务院颁发《中国教育改革和发展纲要》明确规定："中等及中等以下各类学校实行校长负责制"，2006 年，新修订的《中华人民共和国义务教育法》规定学校实行校长负责制。这种体制提高了学校管理效能，给学校带来了生机和活力，极大推动了教育发展，但在实践中出现了缺乏监督，校长权力过大、素质不高，导致党的领导在一定程度上被弱化、虚化和边缘化，出现了重业务轻党建、重知识轻思想、重成绩轻教育等问题。

三、中国特色社会主义新时代的中小学校领导体制

进入中国特色社会主义新时代后，国际国内环境已发生复杂深刻的变化，教育事业发展、建设高质量教育体系迫切需要深化中小

学领导体制改革。2016 年，中组部、教育部党组联合印发《关于加强中小学校党的建设工作的意见》。该《意见》是新中国成立以来第一个加强中小学校党建工作的重要文件。几年来，陆续实现了党组织和党的工作在中小学校全覆盖、理顺了组织管理体制、配强配优配好党组织书记，取得了一定效果。2021 年 11 月 24 日，中央为坚持和加强党对中小学校的全面领导，在总结历史经验教训的基础上，根据党章和有关党内法规、国家法律，审议通过了《关于建立中小学校党组织领导的校长负责制的意见（试行）》，这是我国中小学领导体制长期探索的历史选择，是中小学领导体制的一次深刻变革，是具有中国特色教育的领导体制，是中国教育治理体系和治理能力现代化的重要内容，必须积极稳妥落实并长期坚持。

第二节　中小学党组织领导的校长负责制的时代内涵

教育是国之大计、党之大计，没有哪一项事业像教育这样影响甚至决定着接班人问题，影响甚至决定着国家长治久安，影响甚至决定着民族复兴和国家崛起。中小学党组织领导的校长负责制是党中央在总结我国中小学领导体制经验基础上，根据新时代特点和中国实际作出的重大决策，具有新的时代内涵。即：学校党组织对学校工作实行全面领导，履行管党治党、办学治校的主体责任和校长在学校党组织领导下依法治校的有机统一，是一种新型学校领导体制。坚持和加强党的全面领导，发挥学校党组织在办学治校中的领导作用，是办好教育的根本保证。学校党组织要把抓好学校党建工作作为办学治校的基本功，把党的教育方针全面贯彻到学校工作各方面。

一、发挥党组织的全面领导作用

党组织在学校处于领导地位，通过党委会（支委会）等途径履行把方向、管大局、作决策、抓班子、带队伍、保落实的领导职责。

（一）党组织的领导是集体领导和个人分工负责相结合

学校党组织书记主持党组织全面工作，凡属重大问题都要按照集体领导、民主集中、个别酝酿、会议决定的原则，由党组织会议集体讨论作出决定。党组织班子成员根据集体的决定和分工，切实履行职责。任何个人都必须服从集体的意志，防止个人专断。

（二）党组织的领导是领导而非管理

党组织作为学校的领导机构，主要通过强有力的政治领导、思想领导和组织领导，保证学校各项任务完成。党组织领导学校不是具体管理学校，必须支持校长依法行使管理职权。

（三）党组织领导是全面领导

党组织要按照"总揽全局、协调各方"的原则开展工作。统一领导学校党建、行政、学术、民主党派、群团等各方面工作，决定学校重大事项，监督重大决议执行。

二、支持和保障校长行使职权

校长在学校党组织领导下，依法依规行使职权，按照学校党组织有关决议，全面负责学校的教育教学和行政管理等工作。

（一）校长是学校的法定代表人

按照《中华人民共和国教育法》和《中华人民共和国义务教育法》等相关法律规定，校长是由教育行政部门依法聘任的具备国家规定任职条件的学校法定代表人，对外代表学校履行法律责任，对内行使国家法律规定的职权。

（二）校长行使管理职权

校长要对党组织负责，全面贯彻党的教育方针，组织实施集体讨论决定的重大事项，切实把党组织决策部署落到实处；要全面负责教育教学和行政管理工作，独立负责行使管理权力，依法依规对校务及事关教职工利益的重大问题作出决定并付诸实施，或形成议案提交党组织研究决策。

（三）学校是校长负责制

学校行政系统具有科层制属性，校长拥有最大的行政权力，是行政事务的最终决策者，必须对决策结果负责。这也是校长和党组织在决策方式上的显著区别。

三、党组织领导与校长负责制是有机整体

党组织领导与校长负责是相互依存、不可分割的，其核心是党组织领导，关键在校长负责，根本出发点是党政分工合作，落脚点是要形成党政合力。要建立健全议事决策制度、完善协调运行机制、民主管理和监督的工作机制，进一步规范党组织与行政的关系，理清党组织领导权力和校长行政权力的运行边界及实现形式，

既保证党组织对学校工作的统一领导，又支持校长依法独立负责地行使职权，保证党组织决策落到实处并取得成效。

第三节　中小学党组织领导的校长负责制的贯彻实施

青少年阶段是人生的"拔节孕穗期"，最需要精心引导和栽培。我们是社会主义国家，办的是社会主义教育，培养什么样的人、发展什么样的教育，都必须以人民为中心，确保社会主义的属性，真正做到为党育人初心不能忘、为国育才立场不能偏、为民服务宗旨不能丢，这是对基础教育一切工作的政治要求。

一、发挥党组织领导职责

党组织通过党组织会议履行把方向、管大局、作决策、抓班子、带队伍、保落实的领导职责。

（一）明确党组织领导内容

党组织通过履行把方向、管大局的领导职责，确保学校正确的办学方向和价值取向。把方向就是要坚持以习近平新时代中国特色社会主义思想为指导，坚持立德树人的根本任务，坚持社会主义办学方向，坚持把政治标准和政治要求贯穿办学治校、教书育人全过程各方面，确保党的教育方针和党中央决策部署在中小学校得到切实贯彻落实。管大局就是要遵循教育规律，树立正确的教育观、政绩观、评价观、人才成长观，坚决克服短视行为、功利化教育倾向，办好学校，满足人民群众对"上好学"的美好期盼。

（二）明确党组织领导途径

党组织通过履行作决策、抓班子、带队伍的领导职责，确保党对学校工作的全面领导。作决策就是要坚持科学决策、民主决策、依法决策，讨论决定事关学校改革发展稳定及教育教学、行政管理中的"三重一大"事项和学校章程等基本管理制度，支持和保证校长依法依规行使职权。抓班子就是按照党管干部原则，按照有关规定和干部管理权限，负责干部的教育、培训、选拔、考核和监督，讨论决定学校内部组织机构的设置及其负责人的任免，依程序推荐领导干部和后备干部。带队伍就是坚持党管人才原则，做好教师的培养、招聘、使用、管理、服务和职称评审、奖惩等相关工作；加强党组织建设和党员队伍建设工作，发挥基层党组织战斗堡垒作用和党员先锋模范作用，加强对优秀教师的政治引领和政治吸纳，打造一支党性强、作风硬、能力高的党员教师队伍；加强对工、青、妇、少先队等群团组织和教职工大会（教职工代表大会）的领导，强化党建带团建、队建，做好统一战线工作。

（三）明确党组织领导效果

党组织通过履行保落实的领导职责，确保党的教育方针和党中央决策部署全面贯彻到学校工作各方面，引领学校高质量发展。保落实就是做好党组织规范化建设，履行从严治党主体责任，发挥学校党组织战斗堡垒作用和党员先锋模范作用，加强师德师风建设和学校精神文明建设，推动形成良好校风教风学风。要深入开展社会主义核心价值观教育，抓好学生德育，加强思政课建设，做好教职工思想政治工作，压实意识形态责任，抓好政治启蒙和价值观塑造，落实全员、全程、全方位育人，全面提高学校育人水平，培养德智体美劳全面发展的社会主义建设者和接班人。

二、支持和保证校长行使管理职权

校长在学校党组织领导下，依法依规行使职权，按照学校党组织有关决议，全面负责学校的教育教学和行政管理等工作。

（一）抓好学校管理

校长要研究拟定和执行学校发展规划、基本管理制度、内部教育教学管理组织机构设置方案。向学校党组织报告重大决议执行情况，向教职工大会（教职工代表大会）报告工作。

（二）搞好教学活动和教育教学研究

校长要加强教育教学管理，深化教育教学改革，加强学生德育、体育、美育、劳动教育和心理健康教育，提高学校思政课教学质量，开展学校文化活动和科学普及活动，建设文明校园。组织开展学校对外交流与合作，加强学校与社会、家庭的联系，形成育人合力。

（三）实施重大的项目和资金使用

校长要研究拟订和执行学校重大建设项目、重要资产处置、重要办学资源配置方案，管理和保护学校资产；研究拟订和执行学校年度预算、大额度支出，加强财务管理和审计监督。

（四）加强教师队伍建设

校长要加强教师等各类人才日常教育管理服务工作，依据有关规定与教师以及内部其他工作人员订立、解除或终止聘用合同。支持群团组织开展工作，依法保障师生员工合法权益。

同时，还要做好安全稳定和后勤保障工作，履行法律法规和学校章程规定的其他职权。

三、健全组织体系

健全完善的党组织机构是实施党组织领导的校长负责制，确保党的领导作用充分发挥的前提条件。

（一）完善组织设置

按照把党组织建在一线的原则，创新学校二级及以下党组织设置，不断优化学校内设党组织和学校职能机构、教育教学单位及其相互关系。党组织设置为党委、党总支的中小学校，党组织书记、校长一般应当分设，党组织书记一般不兼任行政领导职务，校长是中共党员的应当同时担任党组织副书记；党组织设置为党支部的中小学校，党组织书记、校长一般由一人担任，同时应当设一名专职副书记；学校行政班子副职中的党员一般应当进入党组织班子。

（二）选好配强学校领导班子

学校领导班子包括校级领导班子和学校中层干部队伍。党组织书记要由党性强、懂教育、会管理、有威信、善于做思想政治工作的优秀党员干部担任；要着力培养政治过硬、品德高尚、业务精湛、治校有方的校长队伍；不断加强中层干部的选育用管，按照党性观念强、专业素质强的标准选任党员任学校干部，逐步实现学校党政办、人事、德育、团少等部门负责人为党员担任。

（三）加强组织管理

党组织要认真履行领导和把关作用，按照有关规定，严格标准条件和程序，精准科学选人用人；加强学校领导班子思想政治建设，完善培养选拔、教育培训、考核评价、激励保障机制。

第四节　中小学党组织领导的校长负责制的保障机制

建立党组织领导的校长负责制，就要加强党的全面领导，确保中小学坚持全面落实党的教育方针，落实立德树人的教育根本任务，保证党的教育方针和党中央决策部署在中小学校得到贯彻落实。这既是认识问题，更是行动问题，要切实把加强党对中小学的全面领导落实到教育教学各环节，做到"横到边、纵到底、全覆盖"。

一、完善体制机制

（一）完善学校的基本制度

修订完善学校章程，明确党组织的全面领导地位、设置形式、职责权限、工作方式和党务工作机构、人员配备、经费保障等；进一步明确党组织领导职责、书记工作职责、校长工作职责和党组织抓意识形态、德育、思想政治、领导群社团、家校社协同机制等制度；完善学校党组织会议、校长办公会议（校务会议）的会议制度和议事规则，保证与新领导体制的一致性。

（二）建立健全议事决策制度

首先，学校党组织会议讨论决定学校重大问题。会议由党组织书记召集并主持，行政班子成员根据工作需要可列席会议。会议议题由学校领导班子成员提出，党组织书记确定。会议应当有半数以上党组织班子成员到会方能召开；讨论决定干部任免等重要事项时，必须有三分之二以上党组织班子成员到会。其次，校长办公会议（校务会议）是学校行政议事决策机构。会议由校长召集并主持，会议成员一般为学校行政班子成员，不是行政班子成员的党组织班子成员可参加会议。会议议题由学校领导班子成员提出，校长确定。会议应当有半数以上行政班子成员到会方能召开。校长应当在广泛听取与会人员意见的基础上，对讨论研究的事项作出决定。

（三）完善协调运行机制

建立健全党组织统一领导、党政分工合作、协调运行的工作机制。合理确定学校领导班子成员分工，明确工作职责。首先，党组织书记和校长要定期沟通。及时交流思想、工作情况，带头维护班子团结。重要议题，党组织书记、校长意见不一致的议题暂缓上会，待取得共识后再提交会议讨论，必要时可以请求上级党组织裁决。其次，学校领导班子成员应当经常沟通协调工作。集体决定重大问题前，书记、校长和班子成员要进行个别酝酿、充分沟通，充分听取和尊重班子成员的意见，努力营造团结共事的和谐氛围。

二、加强组织领导

办好中国的事情，关键在党。落实党组织领导的校长负责制必须加强组织领导。

（一）加强学校基层党组织和党员队伍建设

要开展党组织书记抓党建工作述职评议考核活动，健全党务工作机构，充实党务工作力量，落实党务工作队伍激励保障措施。要以提升组织力为重点，突出政治功能，创新活动方式，严格党员教育管理、严肃党的组织生活，推动党建工作与教育教学、德育和思想政治工作深度融合，努力克服党建在教育教学、人才培养中的思想引领作用发挥不够，深度融合推进力度不强等问题。加强对优秀教师的政治引领和政治吸纳，把优秀教师培养发展成党员，把党员教师培养发展成骨干，把骨干党员教师培养发展成干部。

（二）建立和落实中小学校党组织领导的校长负责制执行情况报告制度

学校党组织要结合年度考核向上级党组织报告执行情况，学校领导班子成员要在民主生活会、述职评议、年度工作总结中报告个人执行情况。

（三）坚持有序推进

坚持分类指导、分步实施，针对不同类型、不同规模的学校，在做好思想准备、组织准备、工作准备的前提下，成熟一个调整一个。

三、健全民主管理和监督的工作机制

（一）坚持充分沟通

经学校领导班子成员，特别是党组织书记与校长在讨论决定学校重大问题应充分沟通且无重大分歧后提交会议讨论决定。对涉及干部工作的方案，在提交党组织会议讨论决定前，应当在一定范围内进行充分酝酿。

（二）坚持民主决策

发挥教职工大会（教职工代表大会）和群团组织作用，对事关师生员工切身利益的重要事项，应当通过教职工大会（教职工代表大会）或其他方式，广泛听取师生员工的意见和建议。按照规定实行党务公开和校务公开，及时向师生员工、群团组织等通报学校工作情况，调动教职工、社区人士、家长及学生参与学校事务管理的积极性。

（三）坚持科学决策

对专业性、技术性较强的重要事项，应当经过专家评估及技术、政策、法律咨询。会议决定的事项如需变更、调整，应当按照决策程序进行复议。

实现中华民族伟大复兴，归根结底靠人才、靠教育。中小学校领导体制改革的价值追求和终极目标是更好地落实党的教育方针，促进学校的高质量发展。我们要全面落实好党组织领导的校长负责制，坚持党对教育事业的全面领导，培养德智体美劳全面发展的社会主义建设者和接班人，为实现中华民族伟大复兴提供坚强政治保障和有力人才支撑。

第六章　现代化学校干部队伍建设新思维

　　中小学领导干部是指学校中层以上干部，他们是基础教育事业发展的中坚力量，是教改的领头雁、学校的定盘星、教师的主心骨、学生的引路人，是贯彻党的教育方针、实施素质教育、落实立德树人根本任务的关键人物，担负着办学治校和教书育人的重要职责使命。一支政治过硬、品德高尚、业务精湛、治校有方的高素质专业化领导干部队伍，对办好学校、带好队伍、提高质量、办好人民满意教育起着重要的作用。中小学领导干部要不断提升自身素养，增强办学治校能力，为推动教育改革发展，激发中小学办学活力，实现中华民族伟大复兴的中国梦提供坚强人才保障。

第一节　现代化学校干部队伍素养建设

　　教育是国之大者。学校领导干部是党的教育方针执行者、学校工作的领导者、人类文明的传播者、先进思想的引领者、学生健康成长的奠基者、教育教学活动的组织者，处于教育工作最为基础的关键位置。领导干部的素养和办学治校能力对于实现学校高质量发展、全面提升学校办学品质至关重要，也在很大程度上影响或决定着青少年学生的全面发展和健康成长。学校领导干部只有具备了正确的办学方向、胸怀全局的宽阔视野、较为全面的领导能力、先进独特的教育理念、深厚的教育研究功底、完美健全的人格魅力和务真求实、拼搏奉献的精神，才能成为大格局、大道德、大情怀的"大先生"，才能引领教师担起历史发展的重任，满足时代发展的要求，办好人民满意的学校。

一、坚持忠诚为魂

心中有信仰，脚下有力量。今天教育上出现的问题，其根本是办学思想出了问题。当前，一些学校违背教育规律，一味通过延长学习时间、增加学习强度、超前超纲教学，以牺牲学生健康为代价片面追求升学率；一些学校放弃学校责任，该讲的不讲，该开设的课不开，把学生推向社会，推进校外培训机构，以增加校外培训负担为代价片面强调减轻校内学生负担等，这些做法在理论上是行不通的，在实践中是有害的。其根本原因是学校领导干部在"政绩观、教育观、人才观"上出现了偏差，背离了党的教育方针，背离了教育初心和使命。

（一）坚定正确的政治方向

近年来，党和国家高度重视教育工作，站在中华民族伟大复兴的高度，围绕"为谁培养人，培养什么样的人，怎样培养人"等重大问题，密集出台了一系列文件政策，构建了中国特色社会主义教育发展的"四梁八柱"。中小学领导干部要认清新的形势、明确新的任务、坚定正确的政治立场、坚守共产主义的理想信仰、忠诚于党的教育事业,不断提高自己的政治判断力、政治领悟力、政治执行力,引领广大师生在政治立场、政治方向、政治原则、政治道路上同党中央保持高度一致。要在办学治校中始终坚持党的领导,贯彻党的教育方针,坚持社会主义方向,落实立德树人的根本任务,植根中国大地办教育,坚持社会主义办学方向,自觉践行新时代中国特色社会主义思想,做政治上的明白人,始终保持昂扬奋发的精神状态,凝心聚力、锐意进取,奋力谱写学校高质量发展新篇章。

(二)坚守教育初心和使命

从职业角色看,学校领导干部分别扮演了教育者、管理者和领导者三种角色,每一种角色都有与之对应的工作任务和管理职责。职业角色的多面性和相应工作任务、管理职责的综合性,决定了学校领导干部素养和能力的多样性和复杂性。学校领导干部只有坚持为国育才初心不改、为党育人初衷不变,不断增强坚定的政治信仰、淬炼先进的教育理念、夯实深厚的理论功底、培育高尚道德情操、增强浓厚的家国情怀,才能科学规划学校发展、营造育人文化、领导课程教学、引领教师成长、优化内部管理和调适外部环境,才会有突出的办学治校实绩、显著的实践创新探索、积极的社会担当和强烈的示范引领作用。

(三)坚持培根铸魂育人才

进入新时代,广大中小学领导干部砥砺奋进、开拓前行,为学校教育改革发展做出了积极贡献,展示了良好形象和精神风貌。但同时也应该看到，一些学校的领导干部干事务性工作的多，系统深入学习理论、政策的少；一些学校领导干部讲教育情怀的多，强调理想信念的少；一些学校领导干部讲务虚理念的多，强调实践创新的少；一些学校领导干部讲同国际接轨的多，强调中国特色的少等，这些现象需要引起学校注意。中小学领导干部要深刻领会教育是国之大计、党之大计的重要地位，否则无论什么样的课程教材、无论什么样的课程教学改革、无论什么样的教学方法和技术手段，都无法解决教育出现的各种问题，会使我们陷入迷茫，甚至对事业造成危害。一所优秀的学校，若干年后，让学生带走的绝不是一张单薄的成绩单，还有看不见的但真正对其一生起决定性影响的正确的生命价值观念、信仰和勇敢、担当、奉献、爱国的学校精神，这应该是新的时代"国之大者"的使命和担当。

二、坚持学习为先

时代越向前，学习越重要。今天的中国正处于百年未遇之大变局，时代提出新要求，教育处于新周期，技术开始新突破，人民拥有新期盼，在这样前所未有的变革时代，学校领导干部如果知识不够、眼界不宽、能力不强，就会耽误学校的发展。中小学领导干部要站在实现中华民族伟大复兴的中国梦的高度，以世界为轴，以未来为线，从更广阔的舞台、更深远的视野上思考定位、谋划发展，深刻认识我国基础教育的重要历史使命，热情拥抱教育形态转变。

（一）养成终身学习的习惯

教育者先受教育。学校领导干部的学习不但影响着自身专业的成长，还关系到所在学校的学习型组织建设；不但决定着领导干部个人的事业成败，还直接关系到学校未来的发展。每位领导干部在长期教育实践中都形成了自己的知识结构、教育思想和管理风格，但是，面对新的时代、新的任务、新的格局、新的征程，传统的教育理念、管理办法、思维方法已经不能适应学校高质量发展、治理体系与治理能力现代化建设、教师队伍建设、学校文化体系构建、课程教学改革等一系列问题带来新的挑战，亟待领导干部加强学习、提高办学治校本领和能力。现在，不少领导干部能意识到学习的重要性，但因工作比较忙，很难有完整的时间和安静的环境去专门学习、系统学习、脱产学习，大多是通过会议和报告进行"碎片化"学习，这就会导致领导干部对政策领会不到位、教育理念落后、知识结构老化，无法有效破除路径依赖和思维定式，影响学校的进步和发展。学校领导干部要按照先学一步的原则，始终站在时代前列，坚持与时俱进，把学习作为人生修养的重要内容，作为办学治校的一种本能，做一个终身学习者，以自己的学习带动教师学习，把学校建成一个学习型组织，以适应新时代教育高质量发展要求。

（二）掌握科学的学习方法

科学的学习方法会极大提高学习效率。学校领导干部既是管理者也是学习引领者，要结合自身工作需要和学校实际情况，坚持向书本学知识，向领导和同事学经验，向实践学能力，不断增加学习的针对性和实效性。要建立领导班子和教师的理论学习制度，通过领学、导学、自学，学政治理论提高政治站位，学教育理论提高办学治校能力，学技能方法提高专业水平，着力纠正思想偏差，提高对学校各方面工作的领导力。领导干部学习是一种在职学习，要处理好"工学"矛盾，管理好学习时间，发扬"挤"和"钻"的精神，做到干什么学什么、缺什么补什么，如饥似渴学习，一刻不停提高。要以问题为导向，坚持"学以致用""知行合一"，避免学习和工作"两张皮"现象，既要多读书、读好书，学深学透，入心入脑，从书本中汲取智慧和营养，又要坚持理论联系实际，在获取知识、提升自我的过程中，学会学习并形成自己的独特见解，进而不断运用自身所学知识潜心研究、创新实践、解决真实问题。通过学习不断提高个人理论水平、工作能力和自身素质，不断改善办学实践行为，持续改进与发展学校。

（三）不断优化学习的内容

学校领导干部要把学习贯彻新时代中国特色社会主义理论作为重要学习内容，全面学习领会国家和上级出台的各项教育政策、文件精神，不断提升自己政治理论水平，确保正确的办学政治方向。要深入学习教育学、心理学、现代学校管理等各方面基础性知识，夯实自己深厚的知识底蕴，不断完善履职尽责必备的知识体系，不断提高自己学识水平和领导能力。要深入学习新课标、新教材、新课程、新高考的相关专业知识，掌握做好本职工作相关的新知识、新技能，不断提高自己学习能力，深刻理解教育的本质规律，把握教育发展的脉搏。要广泛涉猎文学艺术、社会科学、哲学历史等方面内容，在与学者、大家、教育理论研究者的对话中，改善思维品质，提升理论素养，丰厚精神内涵，涵养自己的精神，引领学校进步和发展。

三、坚持实践为本

"实干兴邦,空谈误国。"办学治校是神圣的育人事业,不能只做做样子,也来不得半点虚伪和马虎,学校领导干部只有脚踏实地,见微知著,讲实话、出实招、办实事、求实效、出实绩,矢志不渝,锲而不舍,才能办好一所人民满意的学校。

(一)树立责任担当的意识

社会永远是在矛盾运动中前进的,实践是检验真理的唯一标准,先进的教育理念都必须来源于实践、应用于实践并能指导实践发展。一所好学校不是生来就有的,需要几代人守望在教育的麦田中,多少年如一日,久久为功才铸就的,这里有汗有泪有青春有奋斗。办好一所学校会面临很多困难,常常会为经费所愁、为课改所惑、为安全所忧、为管理所困等,在这些困难面前,学校领导干部不能绕着困难走,要直面矛盾,事不避难,不能"躺平"、不能当"鸵鸟"、不能当"好好先生",要破私心立公心、去俗气树正气、弃空谈勇实践,否则就会贻误事业、耽误学生,后患无穷。学校领导干部要坚持以问题为导向,以科学研究为抓手,坚持一切从实际出发,理论结合实际,从实践中来到实践中去的马克思主义的方法论,把实践作为想问题、作决策、办事情的出发点和落脚点,成为事业上的实践者、奋斗者、困难解决者,造就一所学校,成就一批学生,造福一方百姓。

（二）培养崇尚实干的精神

"学高为师，身正为范。"每一位成功的学校领导干部背后都有着动人的创业故事，他们都吃过常人难以想象的苦，经历了别人没有经历的办学历程，但他们都有一个共同的特质，就是几十年如一日坚守自己的教育理想，勇于实践，崇尚实干，以其超前的意识、创新的精神、卓越的人格、博大的胸怀，引领全体师生，打造了学校品牌和欣欣向荣的局面。一个优秀的领导干部要让思维的触角伸展到学校的每一个角落，倾听学校脉搏跳动的声音，从更广阔的视野来审视自己教育理念，定方向、明思路、带队伍，做到重要任务亲自部署、关键环节亲自把关、落实情况亲自督查，以上率下、真抓实干，自觉肩负起新时代赋予的使命担当，树立新形象、展现新作为。

（三）发挥率先垂范的作用

学校领导干部既是学校的管理者、决策者，又是学校发展的研究者、实践者、引领者、指导者。在工作中，领导干部要率先垂范、身先士卒、以上率下，做到腿勤、眼勤、手勤、嘴勤、脑勤，严于律己，谦虚待人，做到一级做给一级看，一级带着一级干，以完美的人格形象赢得师生的崇敬，达到育人细无声的管理效果。要实实在在做事，经常深入教学一线听课、评课、检查指导，经常深入教师、学生群体调研，了解工作、学习、生活情况，及时响应师生关切，发现问题、解决问题，不断推进教与学方式的变革，成为教育教学的行家里手。

四、坚持能力为要

学校领导干部的管理水平、执行政策的能力、管人用人的方略、办学治校能力关系着育人大事，决定着学校兴衰命运。学校领导干部要明确自身使命，不断提高自己在战略思维、现代治理、课程教学、资源整合、文化引领等方面的管理能力和素养，担当起办人民满意学校的历史责任。

（一）提高办学思想领导力

学校领导干部是学校的灵魂，其对学校的领导首先是教育思想的领导，其次才是行政领导。领导干部在管理中要坚持让学生站在人生舞台正中央的以人为本的思想，在对学校历史、现状把握基础上，遵循教育规律，把自己的思想与党的教育方针政策结合起来，把教育政策和学校实际结合起来，科学构建以学校办学理念、育人目标为核心的思想识别系统、形象识别系统、行为识别系统，系统谋划其内涵、任务、途径与方法，树立共同的教育理念，追寻共同的教育理想，塑造一种有力量的文化场，促进师生成长，过去为之努力，现在为之努力，将来还要为之努力。

（二）提高干部人格凝聚力

学校领导干部的人格魅力是无与伦比的教育力量，尊重人、信任人、唤醒人、激励人、发展人是学校发展的强大动力。领导干部要树立教师至上思想，做到人格上尊重、工作上合作、利益上谦让、生活上关心、矛盾上沟通、交往上包容、事业上和谐，用自己的人格魅力去感召人，形成工作合力。要把立德修身作为人生必修课，把尊重、团结、合作、和谐作为一种境界和能力，坚持公道正派，不自私、不猜疑、不嫉妒、不搞小圈子，恪尽职守，实事求是，坚持老老实实做人，实实在在干事，兢兢业业工作，努力把培养自己良好的品质德行作为立身之本，做生活中的老实人，用宽阔的胸怀去影响人。

（三）提高课程教学领导力

学校领导干部成长于教师中间，是教师中的首席，其最重要的核心就是课程教学领导工作。学校领导干部应通晓教师职业特点与教育教学规律，擅长教育教学管理，勤于课堂教学的实践与探索，不断深化教学理念、教学管理、教学设计、教学方式、作业辅导等方面的改革，形成学校课堂教学的"基本式"和各种"变式"，推动学校教学质量提升。要加强对课程理论的专业学习和研究，善于透过复杂现象把握本质，能够结合学校实际，从课程理念、课程目标、课程结构、课程实施及课程评价等方面构建适合学生发展的课程体系，满足学生个性化、差异化学习需要。

（四）提高学校创新发展力

创新是学校发展的动力，当今时代，一些学校在长期发展中形成了"大锅饭"现象，干多干少一个样，干好干坏一个样，人浮于事、机构臃肿、纪律涣散等问题凸显，面对这些顽症痼疾，一些学校领导干部怕告状、怕闹事、怕不稳定、怕同行非议、怕领导批评、怕失去选票，即使明知一些事情不能这样做，也不得不违心地去做，长此以往，学校陷入了"民主的陷阱"和"民主的暴力"怪圈，出现"劣币驱逐良币"的现象，这些都给我们办学治校提出了新的课题和新的挑战。学校领导干部需要直面这些问题，增强使命感、责任感，发扬斗争精神，大胆改革和创新，健全公平公正、科学合理、行之有效的议事决策、协调运行、沟通协商、民主监督、评价分配、风险防控等方面体制机制，激发学校内在的活力和教师工作热情。否则，就只能因循守旧，亦步亦趋，难有突破和进展。当然，创新不是蛮干，要有传承、有守正、有方法、有目标、有勇气和魄力。

五、坚持教师为核

教师是学校核心竞争力，教师的人格魅力，职业态度和精神修养直接影响着学校发展、教学质量、学生成长。学校领导干部的重要责任之一就是引领教师加强师德修养、提高育人能力，成为有理想信念、有道德情操、有扎实学识、有仁爱之心的"四有"好老师，做学生锤炼品格、学习知识、创新思维、奉献祖国的"四个引路人"。

（一）要善于发现人激励人

人们常说，千里马常有而伯乐不常在，每个人都有人性的优点和弱点，每位教师都有自己的优势与不足。学校领导干部要确立好选人用人标准，建立正确用人导向，根据教师自身发展禀赋组织好、安排当，用其所长，让人岗匹配度达到最佳状态，让教师在工作中不断得到锻炼、增长才干，在学校创造出人尽其能、智慧进发、百舸争流的局面。要优化学校职称评聘、岗位晋级、考核激励等人事管理等方案，明确各岗位的定位、职责、权利、义务，充分地挖掘人的潜能，调动教师工作积极性，激励教师健康快速成长，避免出现推诿扯皮、敷衍塞责、人才浪费的情况。

（二）要善于唤醒人凝聚人

教育工作是育人的事业，一种昂扬的、积极的心态可以提升自信、激发灵感，可以最大限度地调动身心的潜能，极大地提高工作和学习效率。近年来，在各种因素的影响下，学校中普遍存在职业倦怠、不思进取等问题，甚至出现"内卷"和"躺平"等现象，学校领导干部要敢于旗帜鲜明对抗各种不良思想影响，善于用崇高的职业荣誉感唤醒教师，用美好的发展愿景凝聚教师，引领师生的高尚的精神追求，营造积极进取、奋发向上的精神氛围，让校园充满梦想和力量，用乐观取代消极，用"我希望"代替"我必须"，把学校建成神圣的精神高地。

（三）要善于发展人成就人

一所学校靠制度、人情、奖金、福利对教师的凝聚都是表层的、肤浅的，真正能凝聚教师的是学校给其成长的经历、成功的舞台、自我价值的体现以及受到的人格尊重。学校领导干部要根据教师不同发展阶段、个性特点、专业需要，在对教师队伍进行科学分析的基础上，制定好教师发展规划，搭建好成就教师的舞台，帮助他们制定、选择适合自身发展的路径，促进教师专业主动发展。工作中要把制度管理和人文管理结合起来，既体现了制度管理的严格要求，又体现了人性管理的真善美，当刚则刚，当柔则柔，多一点人情味，少一点火药味；多一点教育渠道，少一点空洞说教，站起来能给教师当"伞"，俯下去能给教师做"牛"，当好主管而不主观，处事果断而不武断，营造目标同向、思想同心、事业同干、成果同享的良好氛围。这样的领导干部才是好干部，这样的学校才有希望。

岁月会磨砺当初豪情万丈、改天换地的决心和斗志，但沉淀下来的一定是成熟和练达、初心和使命。面对新时代、新形势、新形态、新需求，学校领导干部要站在责任的峰峦，瞭望使命的天空，回顾风雨的洗礼，品读跋涉的艰辛，始终牢记自己身上的责任、同事的期待、组织的重托，深刻认识自己的教育使命，不断提升办学治校的素养和能力，为培养造就一代新人做出自己应有的贡献。

第二节　现代化学校领导干部作风建设

中国共产党的领导是中国特色社会主义最本质特征。作为马克思主义政党，必须旗帜鲜明讲政治，严肃认真开展党内政治生活，这是党补钙壮骨、强身健体的根本保证，是党培养自我革命勇气、增强自我净化能力、提高排毒杀菌政治免疫力的根本途径。中小学党组织处于学校领导地位，党组织的作风是组织内党员干部的思想政治水平、道德品质、能力素养在具体工作上的反映，关乎学校形象，关乎人心向背，是学校发展和事业成功的基础和保障。中小学党组织要把党员干部作风建设作为现代化学校建设的重要内容，始终把作风建设贯穿办学治校的所有环节和教书育人全部过程，教育引导广大党员干部从思想上胸怀"国之大者"，不断加强党性修养、筑牢信仰之基、补足精神之钙、把稳思想之舵；从政治上提高政治判断力、政治领悟力、政治执行力，对党忠诚、听党指挥、为党尽责，转变作风、培育新风，以作风建设新成效推动学校高质量发展，不断提高人民群众的教育实际获得感。

一、思想作风讲信仰

坚定的理想信仰是每一位党员干部的基本素质、终身课题，没有理想信仰，就不是合格的共产党员，就会在乱云飞渡的复杂环境中迷失方向、在泰山压顶的巨大压力下退缩逃避、在糖衣炮弹的轮番轰炸下缴械投降。学校每一名党员干部都要拧紧世界观、人生观、价值观这个"总开关"，做到心中有党、心中有民、心中有责、心中有戒，把忠诚于党和人民教育事业作为人生的最高追求。

（一）坚守入党初心不改

衡量一名党员干部是否具有共产主义远大理想，是有客观标准的，那就要看他能否坚持全心全意为人民服务的根本宗旨，能否吃苦在前、享受在后，能否勤奋工作、廉洁奉公，能否为理想而奋不顾身去拼搏、去奋斗、去献出自己的全部精力乃至生命。教育是国之大计、党之大计，具有先导性、基础性、全局性地位和作用，学校承担着立德树人的光荣任务，有信仰的人才能讲信仰，如果教师不信，怎么让学生信；如果教师没有坚定的理想信仰，怎么教出有坚定理想信仰的学生？学校党员干部要经常躬身反省、扪心自问：是否还铭记入党誓词，自觉做共产主义远大理想和中国特色社会主义共同理想的坚定信仰者和忠实实践者？是否还能理直气壮地坚持党的指导思想，真正成为百折不挠、终生不悔的马克思主义战士？

一切迷惘迟疑的观点、一切及时行乐的思想、一切贪图私利的行为、一切无所作为的作风都是要不得的。学校党员干部要用先进的马克思理论武装思想，坚持学懂弄通做实新时代中国特色社会主义思想，不折不扣贯彻落实党中央决策部署，全面彻底贯彻落实党的教育方针，做到"从政治上看教育，从民生上抓教育，从规律上办教育"，不断优化学校政治生态和育人环境。

（二）加强意识形态工作

教育工作职业特点鲜明，职业要求严格，底线不容踩踏。长期以来，一些学校党的领导被"弱化、虚化、边缘化"，行政管理"宽、松、软"，导致学校意识形态领域乱象丛生，严重影响育人效果。一些学校和教师存在"只讲业务不讲政治、只讲分数不讲育人、只讲情怀不讲信仰、只讲个人不讲国家"等问题；一些学校和教师违反《英雄烈士保护法》《党章》《宪法》，存在丑化国家领导人、革命先烈、歪曲历史等现象；一些学校和教师言必称西方，认为外国的月亮比中国的圆，中国不管做得多好都不如西方，西方无论做得多烂也比中国好，盲目跪、媚、崇西方；一些学校和教师利用讲台宣扬历史虚无主义、宗教思想、邪教言论，贩卖极端个人利己主义，存在错误引导金钱至上、娱乐至死等问题；一些学校和教师内外勾连，打着赞助、捐赠的旗号，印发广告，输送利益；等等。这些问题触目惊心、令人忧心忡忡，更为可怕的是学校一些党员干部丧失立场，对此熟视无睹，甚至默认纵容、丧失阵地。学校党组织要从严履行政治责任，增强政治敏锐性、政治判断力，加强意识形态的教育和管理，教育和引导党员干部坚守底线，旗帜鲜明反对历史虚无主义、极端个人主义、享乐主义。

（三）不断增强党性修养

作风问题本质上是党性问题。学校是神圣的育人场所，是关系中华民族伟大复兴后继有人的第一线，肩负为党育人、为国育才的神圣使命。当前，在一些党员干部中还存在讲大话、放空炮、摆架子、做样子、懒政怠政等形式主义的问题，这些问题在思想上表现为立场不稳不作为、不思进取不想为、求稳怕乱不敢为、本领欠缺不会为、消极懈怠慢作为、装模作样伪作为、违反纪律乱作为等；在对待上级决定上表现为敷衍塞责、推诿扯皮、讨价还价等；在工作落实上表现为走过场、避重就轻、应付了事、工作不力、作风不实、进展缓慢等；在领导班子内部表现为阳奉阴违、权责失衡、各自为政等；在具体工作上表现为落实党中央决策部署不用心、不务实、不尽力，口号喊得震天响、行动起来轻飘飘等。这些问题虽然表现形式不一，但其本质还是理想信念动摇、宗旨意识淡化、本领恐慌不够、自我要求不严、监督问责不力造成的，概而言之就是党性修养不够。学校的党员领导干部要坚持不懈地加强党性修养，坚定理想信念、提高工作本领、严格自我要求，树立一身正气、一身锐气、一身骨气，以身作则、率先垂范，在大是大非面前敢于担当、敢于坚持原则，不断锤炼党员干部忠诚、干净、担当的政治品格，充分发挥党员领导干部模范引领作用。

二、工作作风讲纪律

"子帅以正，孰敢不正。"加强纪律建设是全面从严治党的治本之策，很多违纪违规违法行为往往是从破坏规矩、违反纪律开始的。中国共产党是用革命理想和铁的纪律组织起来的马克思主义政党，组织严密、纪律严明是党的优良传统和政治优势。当前，在学校中普遍存在党的领导弱化、党的建设缺失、全面从严治党不力等问题，导致党员干部出现党的观念淡漠、组织涣散、纪律松弛、漠视政治纪律、无视组织原则等现象，如果不加以重视，会导致问题集中爆发，会对教育事业造成重大损失。要破除这些"顽瘴痼疾"，既要靠共同的理想信念、严密的组织体系、党员干部高度自觉，还要靠严明的纪律和规矩。学校党组织要坚持党纪严于国法，要把纪律和规矩挺起来、立起来，教育每一个党员干部严格遵守党纪底线，不越党纪红线，使纪律成为基本遵循。

（一）刀刃向内检视问题

学校不是"百毒不侵"的净土，教师是人类灵魂的工程师，应该在全社会成为道德和遵纪守法的模范，但在现实中，有的教师法制观念不强，法律法规意识薄弱，知法犯法、以身试法现象时有发生；有的教师违背社会公序良俗，不孝敬老人，甚至出现和学生谈恋爱等生活作风问题；有的教师利用讲台传播宗教思想，甚至信仰和传播邪教；有的教师兼职做微商，甚至加入传销组织，利用职务之便向家长和学生推销商品；有的教师和校外培训机构勾连，进行利益输送；有的教师教育方法单一，体罚和变相体罚学生；有的教师课上不讲，课下讲，甚至在外办班补课牟利；有的教师不学习、不教研，专业能力低下，教学方法陈旧，甚至出现意识形态、基础知识的错误等。凡此种种，需要学校党组织要善于以问题为导向，着力检视问题背后的原因，把"病灶"查清楚，将"病根"挖出来，既找"老毛病"也找"新病症"，既找"流行病"也找"地方病"，特别要把那些虚与委蛇、隐藏较深的"软钉子"甄别出来，从深处查政治纪律和政治规矩缺失问题，从根源找党性立场和人民立场不稳问题，要突出"学"，深挖思想根源；要突出"查"，找到不足和差距；要突出"改"，立行立改；要突出"建"，要说到做到，务求常治长效。

（二）正风肃纪严守纪律

遵守党的纪律和规矩，是对事业负责、对党员干部个人负责。如果组织上管得严一点、纪律要求严一点、上级监督多一点就感到受不了，那是境界不高、不负责任的表现，是没有党性的表现，在这一点，党员干部一定要统一思想、形成共识。要身体力行当表率、做示范，不能把纪律作为一个软约束或是束之高阁的一纸空文，不能合意的就执行，不合意的就不执行。要求严格全面从严治党主体责任，履行第一责任人责任、承担"一岗双责"责任，在原则问题上寸步不让，一个问题一个问题解决，一个节点一个节点坚守，敢抓敢管，以实打实、硬碰硬的优良作风和违纪违规行为做坚决斗争和严肃批评。如果我们不这样做，怕得罪人，就要得罪人民，就要贻误事业，这是一笔再明白不过的账。

（三）持之以恒养成习惯

党员干部是学校的先进分子，自我要求要更高、更严，不仅要在日常社会生活中遵守公德、弘扬美德，更要带头遵守学校规章制度，时刻以共产党员和干部的标准严格要求自己。学校党组织要按照"坚持有效的、完善不足的、补充需要的"思路，完善各种制度，坚持用制度管权、按制度办事、靠制度管人，增强党员干部遵守各项规章制度的规范意识，让全体党员干部意识到"时时有规矩、处处有规矩、事事有规矩"。要在抓"常""长"上下功夫，久久为功，对于长期存在的顽瘴痼疾，不能紧一阵、松一阵，雨过地皮湿、风过了无痕，既要有集中时间、集中人员、集中精力打"攻坚战"的能力，更要有以坚强毅力打好"持久战"的素质，真正严成氛围、严成气候、严成习惯，形成党员干部凝心聚力的精神风貌，构建风清气正的良好政治生态。

三、自我革命讲斗争

自我革命是中国共产党跳出治乱兴衰历史周期律的第二个答案，是党经历百年奋斗锤炼出的最鲜明品格，是区别于世界其他政党的独特标志。自我革命就要发扬斗争精神，以刀刃向内、刮骨疗毒的勇气清除党的肌体的病毒，实现自我净化、自我完善、自我革新、自我提高。回顾党史、新中国史、改革开放史、社会主义发展史，可以看到，中国共产党从成立就铭刻着斗争的烙印。一百年多来，中国共产党正是在斗争中才战胜了各种艰难险阻，求得生存、获得发展、赢得胜利，形成了不畏强敌、不惧风险、敢于斗争、勇于胜利的风骨和品质，党依靠斗争走到今天，也必然要依靠斗争赢得未来。

（一）坚持原则敢于斗争

坚持原则是共产党人的重要品格，是衡量一个干部是否称职的重要标准。共产党人讲党性、讲原则，还要讲斗争，在原则问题上决不能含糊、决不能退让，否则就是对党和人民不负责任，甚至是犯罪。新的时代，面对新的任务，总想躺在过去的"功劳簿"上，沉醉在过去的荣光中，总想等一等、缓一缓、看一看，不想斗争是不切实际的。中小学党员干部要在思想上克服不愿斗争的软骨病，不敢斗争的恐惧症，要有不信邪、不怕鬼、不当软骨头的风骨、气节、胆魄。在原则问题上要寸步不让、寸土不让，秉公办事、铁面无私，始终保持顽强的斗争精神、坚韧的斗争意志、高超的斗争本领。要对准工作中痛点、难点、堵点，学会"解剖麻雀""举一反三"，从点到面，把硬尺度标出来、硬杠杠画出来、硬招数亮出来，能具体的尽量具体、该量化的必须量化，决不能语焉不详、含糊其词，只表扬不批评，只糊弄不落实，防止和纠正失之于宽、失之于松、失之于软和以形式主义反对形式主义。

（二）把握策略善于斗争

斗争不是蛮干，斗争的目的是为了团结，要通过斗争达到团结大多数的目的。教育工作的特殊性在于育人，学校党组织在斗争时要注意保护教师尊严和面子，学会做思想工作，在处理任何事情上忌讳"一刀切"，忌讳"简单化"，更不能采取"羞辱""刺激"的办法，损害到教师人格尊严、职业荣誉。在方法上要通过严肃认真的民主生活会，开展批评与自我批评，该扯袖时就扯袖、该红脸时就红脸、该出汗时出出汗，既要用正确价值"引"，也要在制度上"管"，还要在专业上"导"；既要依法、依规、依程序，也要依人、依情、依理，还要尽到最大善意，不抛弃、不放弃任何一个人；在策略问题上要灵活机动，把握好"时、势、度、效"，掌握好斗争火候，正确处理改革、发展、稳定的关系，要不断提升斗争的艺术，在决策前，要进行风险研判，在充分调研基础上，综合进行分析，深度进行思考，分清哪些是思想问题，哪些是方法问题，哪些是技术问题，哪些是管理问题，哪些是有心之举，哪些是无心之过，善于去粗存精、去伪存真，由此及彼、由表及里，透过现象看本质，抓住事物的主要矛盾和矛盾的主要方向，找到事物内在规律，从而找到解决问题的最好办法。

（三）目标明确坚持斗争

对共产党人来说，斗争就要反对"好人主义"，奉行"好人主义"的人并不是真正的好人，他们没有公心只有私心，没有正气只有俗气，好的是自己，坏的是风气、是事业。"好人主义"在学校中的表现是：对待工作是一团和气，你好我好大家好，只点头不摇头，是非面前不开口，遇到矛盾绕着走；对待同志，拉山头、搞帮派，不讲原则讲圆滑，不讲党性讲人情；对待事业，不求有功、但求无过，庸庸碌碌混日子。说到底，"好人主义"总是怕：怕得罪人，怕闹事、怕不稳定、怕上访、怕丢选票、怕自己的利益受影响。看似与人为善，实则明哲保身；看似与世无争，实际上打的全是"小算盘"，实质是私心作祟、私利作怪。长此以往，学校就会人心涣散，邪气就会滋长，各种团团伙伙、是是非非就会"剪不断，理还乱"，就会出现劣币驱逐良币，让"千里马"歇步、"老黄牛"吃亏。真正的好党员干部，不会因为关系或情面，而对身边同志"睁只眼闭只眼"，也不会因为名声或选票，而在原则问题上含糊动摇，更不会因为"爱惜羽毛"，而在大是大非面前丧失立场。党员干部要旗帜鲜明地贯彻党的教育方针，落实立德树人的根本任务，始终保持好办学方向，严格教育教学的纪律要求，抓好教师队伍管理，对学校中不良作风、错误思想要旗帜鲜明敢于说"不"，切实担负起教育监督管理的责任。

四、踔厉奋发讲担当

干事担事，是干部的职责所在，要做好工作就要担当作为，担当和作为是一体的，不作为就是不担当，有作为就要有担当。进入新时代后，教育发生着深刻的变化，新的时代、新的目标、新的任务、新的格局、新的征程，对学校提出了新要求，迫切需要广大党员干部勇于担当、善于作为，站在"国之大者"和中华民族伟大复兴的高度重新审视学校现状，清醒认识我们的不足，既要善于传承学校优秀的文化和传统，同时也要敢于搬开那些制约学校发展，不符合新时代教育要求的"拦路虎""绊脚石"，推动学校高质量发展。

（一）敢做善为勇于担当

我们现在处在新时代，很多工作对象和局面都是崭新的，需要探索和创新，勇于走别人未走过的路，做事总是有风险的，正因为有风险，才需要担当。党员干部如果要滑头、图实惠、自私自利，在任务面前，不是考虑如何干好，而是考虑回报；在纪律面前，合则用，不合则不遵守；在执行组织决定上，忘记下级服从上级的组织原则，阳奉阴违，我行我素；最终会贻误事业，损害党的形象，失去人民群众信任。当前，很多学校在办学治校中面临诸多困难和问题，比如，在管理上会存在机构臃肿、管理松散、人浮于事等现象；在教师队伍上会存在缺乏政治意识、学习意识、进取精神和奋斗激情，"吃大锅饭""平均主义"思想较为严重等；在教育教学上"唯分数""唯升学"等，严重影响和制约了学校高质量发展，这些问题的形成非一日之寒，是长期积累的结果，这里有体制机制的原因、有经济社会的原因、有内部管理的原因，迫切需要学校党组织以巨大的政治勇气和智慧去解决。党员干部要有智慧判断哪些是需要传承的优良传统，哪些是需要改进、改变、改革的事情，不能事事、时时躺在过去的经验、做法上，刻舟求剑、缘木求鱼；要有勇气和能力，去改变那些需要改变的地方，在这个过程中，除了见识、能力、经验之外，还要自身思想作风人品过硬。当然，有时会有这样那样的阻力，会受些委屈；有时改革创新，走别人没有走过的路，会有些失误；有时还要得罪人，甚至因此结下怨恨。这就需要党员干部要有"功成不必在我，功成必定有我"的那么一股精气神，在这些困难和问题面前要摒弃私心杂念、左顾右盼、瞻前顾后，骨头要硬，要敢于出击、敢战敢胜。只要党员干部思想统一起来了，干事创业的精神就能振奋起来、发展动能就能激发出来、师生潜能就能挖掘出来，学校就能上新台阶。

（二）真抓实干落实行动

一分部署、九分落实，不注重抓落实，不认真抓好落实，再好的规划和部署都会沦为空中楼阁。在工作中，党员干部要坚持凡是有利于学校发展和学生成长的事，就要事不避难、义不逃责，大胆地干、坚决地干。这些年，大多数学校讲情怀的多，讲政治的少；讲关怀的多，讲纪律的少；讲品德的多，讲理想信念的少；个性表达的多，党的教育主张讲的少；讲守正的多，讲创新的少。这些需要引起学校党组织的注意和警惕。要教育和引导学校党员干部自觉在思想上、政治上、行动上同党中央保持高度一致，保持为党育才的初心不变，为国育人的信念不改。要结合学校实际，就分管的领域制定贯彻落实方案，提出明确要求，真正把党的决策部署转化学校各项工作任务、细化为各项目标，有针对性地拿出落实的具体方案，制定明确的时间表、施工图，当好"施工队长"，"满眼都是活，满腿都是泥"，真抓实干，扎扎实实向前推进，防止搞形式主义、官僚主义。

（三）实事求是引领发展

一代人有一代人的责任。在新的时代，党员干部要经常躬身自问一下，我们要把一个什么样的学校带向未来？我们距离新时代的要求、距离教育现代化 2035 的要求、距离人民对高质量教育的期待还有多大差距？在此基础上，确定好学校新的发展目标，高扬理想的旗帜，实事求是、与时俱进，重整行装再出发。在通向未来的道路上，学校会面临"双减"、课程改革、教学质量提升、教师队伍建设、治理体系和治理能力现代化、文化体系建设等一系列新任务，这绝不是轻轻松松、敲锣打鼓就能实现的，也不是短期一蹴能就的，它需要党员干部经过长期攻坚克难、艰苦奋斗才能实现。党员干部要耐得住清贫、孤独和寂寞，有了条件要干，没有条件创造条件也要干。实践证明，这样的党员干部，其高尚人格、扎实作风和出色业绩，会得到历史的承认和人民群众的衷心认可；而那些私心作祟、偷奸耍滑、抖小机灵、耍小聪明的人，会荒废了流年岁月，丢失了价值，这样的人生又有什么意义呢？

踏平坎坷成大道，重整行装再出发。作为中小学教育工作者，要深入贯彻中央决策部署，紧密结合思想和工作实际，发扬"越是艰险越向前"的革命精神，涵养"狭路相逢勇者胜"的意志品质，提高党性修养，砥砺政治品格，锤炼过硬本领，以实际行动创造无愧于党、无愧于人民、无愧于时代的业绩。

第三节　现代化学校良好政治生态建设

政治生态是学校教职工思想作风、工作作风、精神状态、公共关系的综合体现。良好的政治生态是学校优良校风、教风、学风的生成土壤，是学校高质量发展的动力源泉，是保持学校旺盛生机的重要条件。一个学校政治生态的形成，与其发展历史、价值取向、学校管理、体制机制等无不息息相关。学校在发展历史上如果形成"帮派""山头""圈子"文化，就会造成正气不彰、互相攻击、告状成风；学校价值取向如果偏离了党的教育方针，就会出现思想僵化、意识形态阵地失守，邪气上升、恶性竞争、问题丛生；学校管理弱化，就会使"好人主义"盛行，治理失序、歪风滋长；体制机制不好，就会造成纪律缺失，规矩不彰、制度失灵。进入新时代，我国基础教育进入了新的发展阶段，教育改革发展的外部环境和宏观政策环境都发生了深刻的变化，新形势、新阶段、新理念、新格局、新目标、新要求迫切需要学校培育积极健康的政治文化，建设风清气正、干事创业的良好政治生态。

一、坚持正确价值导向

马克思主义的世界观、人生观、价值观是一切行为的"总开关"，坚持正确的价值导向，最根本的就是要贯彻落实新时代中国特色社会主义思想，弘扬社会主义核心价值观，按照党和国家的法律、纪律和规章制度办事，这是构建学校良好生态最有效的坚强堡垒和坚固防线。

（一）立场坚定弘扬正气

政治生态和自然生态一样，稍不注意，就很容易受到污染，一旦出现问题，再想恢复就要付出很大代价。学校要全面地、历史地、客观地、辩证地看待奋斗者，公道、公正、公平的对待干事者。干事业总是有风险的，在这个过程中会出现这样那样的问题，学校需要区分清楚这些干事的人是出于公心还是源于私利，是无心之失还是有心之过，是履行程序还是破坏规则，是遵纪守法还是违法乱纪，是出于担当尽责、个性鲜明、坚持原则、敢抓敢管得罪了人还是为个人、他人谋取私利的，是不可抗力、难以预见等因素还是主观故意，是经过科学决策、民主决策程序还是个人专断、一意孤行。在此基础上，要理直气壮、立场坚定的弘扬奋斗精神，支持敢闯敢干、锐意进取的人，支持敢于带头探险履险、始终把事业放在第一位的人，为担当者担当、为负责者负责、为干事者撑腰，以担当带动担当、以作为促进作为，决不能让吃苦者吃亏、让流汗者流泪。

（二）旗帜鲜明抵制邪气

学校政治生态之所以重要，在于它影响着发展生态，决定着学校未来。产生不良政治生态的诱因，是学校面对歪风邪气"讳疾忌医"而形成"毒瘤"，最终造成"群蚁溃堤"的严重后果。在学校中，往往可以看到一些人在风险面前溜肩膀，在是非面前耍滑头，在歪风面前和稀泥，在矛盾面前绕开走，在问题面前推责任，他们或者践行着凡事能拖就拖，永远都在行动落实的"后排"；或者习惯于把别人的功劳生搬硬套给自己，让干事的人背上"无为"的帽子；或者欺软怕硬，惯于碌碌无为；或者遇到任务就推脱、担到责任就逃避，想作为而不作为、能作为而懒于作为。这些行为的实质是只讲私情而不讲党性、只看关系而罔顾原则，用无原则的一团"和气"换取个人利益最大化，产生了很大的负面效应。这样的人会带坏风气、贻误事业，助长了人浮于事、推诿扯皮之风，导致人力物力空耗却难以被察觉，影响了学校政治生态。学校要旗帜鲜明抵制这些歪风邪气，敢于以"刮骨疗毒"的精神和"壮士断腕"的勇气，打破长期以来形成扭曲错误的观念和意识，在思想上、作风上、精神上进一步强起来，以强烈的责任感、使命感推动学校良好政治生态的形成。

（三）革旧鼎新要有锐气

事实证明，有问题不愿意揭，掩盖真相，回避矛盾，这必然导致事业遭受损失；管理失之于宽、松、软，不敢担当，明哲保身，忘记了职责，践踏规则和制度，违背了法纪，也必然会使校园政治生态不断恶化、累积的问题集中爆发。塑造良好政治生态必然要与歪风邪气做坚决斗争，要和丧失原则的言行发生冲突与对立，这就要求学校必须把批评和自我批评的武器拿起来、用起来，直面各种错误观点和思潮，善于用彻底的思想理论说服人、用真理的强大力量引领人、用科学的理论培养人、引导主流意识形态，这是构建学校良好生态的有效法宝。同时，学校要善于建设，能够以"凤凰涅槃"般的决心，努力建起制度的笼子，立起行为标尺，划出政治底线，对违反原则的人和事决不能放任，必须重拳出击、露头就打，进一步筑牢思想堤坝、进一步提升理想信念。

二、形成共同发展愿景

学校担负着为党育人、为国育才的历史使命，办好学校需要建立现代学校制度、形成科学评价体系、合理的分配机制等，但如果我们停留在此，那就会犯历史性的错误，因为它对教师的凝聚是表层的、肤浅的，真正能吸引教师的是共同的信仰、价值追求、个人成长的经历和舞台。学校要着力形成共同发展愿景，凝聚精神的力量构建风清气正的校园政治生态。

（一）用理想信念凝聚人

孙中山先生说过："政就是众人之事，治就是管理，管理众人之事就是政治。"学校良好政治生态要通过组织有意识的教育和引导，形成基于全校的共同价值观和使命观的共同愿景，并凝聚大多数教职工为此而奋斗。中小学承担着培养社会主义事业合格建设者和可靠接班人的光荣使命，共同愿景就是要贯彻落实党的教育方针，落实立德树人的根本任务，培养德智体美劳全面发展的社会主义建设者和接班人。中小学要团结和带领广大教师树立坚定的理想信念，对标对表中央要求，不断修正办学治校、教书育人中的偏差，不断提升个人道德修养，约束自身言行，养成良好的政治规矩意识和组织纪律意识，在大是大非面前保持立场坚定，在困难面前不退缩，自觉抵御各种风险考验。

（二）用高尚精神感召人

"人心散了，队伍就不好带了。"随着学校的进步和发展，学校深层次的公共关系、思想意识、工作作风、思维习惯等问题会逐渐暴露出来，其中有优秀的值得传承的东西，也有一些长期形成的不良思想、作风和文化。对这些问题如果不加以重视，不敢直面地把它挑开，会直接影响学校发展。办好一所学校仅仅不怕苦、不怕累、踏实肯干、勇于奉献，是远远不够的，必须清醒地认识到：教育绝不只有顺应和服从，还有对抗和引领，要旗帜鲜明抵御各种不良思想、作风和文化的影响，要着力建立健全公平公正、科学合理、行之有效的体制机制，激发教师内在的活力和工作热情，使之对工作具有荣誉感、责任感和成就感，营造积极进取，奋发向上的精神氛围，满足师生高尚的精神追求，让校园充满梦想和力量，用乐观取代消极，用"我希望"代替"我必须"，打造一支梦之队。

（三）用先进文化教育人

一段时间以来，一些人认为中小学不是党政机关，教职工也不是领导干部，认为学校里的政治生态环境没有那么严重、纠治起来可以不那么较真，这种观点是错误的。事实上，中小学校的政治生态并不乐观，有很多问题都是长期积累形成的，解决起来也非常困难。学校要加强师德师风建设，大力弘扬爱岗敬业、无私奉献、为人师表、关爱学生的精神风尚，引领教师做先进文化的积极弘扬者和自觉践行者，以主人翁精神当好校园政治生态的守护者。要着力营造美丽和谐、明规守纪的校园政治文化，严格执行相关规章制度，严肃校内政治生活，以强有力的政治感召力和内部凝聚力，巩固发展校园良好的政治生态环境。

三、提高依法治校能力

建设良好政治生态必须运用法治思维，提高依法治校意识，将法律的各种要求运用于认识、分析、处理问题整个过程中，将法律规范作为判断是非和处理事务的准绳，在全校形成尊崇法律、敬畏法律、遵纪守法、善于用法律手段解决问题和推进工作、化解矛盾、维护稳定的良好氛围。

（一）严格行使管理权力

伴随着社会流动的加速、利益的多元，学校中一些人规则意识、边界意识与文明素养缺失，为了自身利益，往往不择手段，对制度与规则缺乏敬畏与尊重，缺乏"有话好好说"的技巧与耐心，而迷恋关系与暴力，不符合自己利益，就会选择"闹"的办法，闹会、闹事、闹工作。闹了就能达到自己不合理的目的，闹了就能达到自己违反规则制度的目的，闹了也不用承担任何后果，这种思维惯性和做法牺牲了原则、违背了法治、损害了公平，也助长了无视规则、自私自利的歪风，很容易造成恶劣的示范效应。"按闹分配"等于是牺牲守规矩者的利益以满足不守规矩者的无理需求，最终吃亏的是遵纪守法的人。学校要依法建立公平的用人、考核、分配等制度，旗帜鲜明地表明我们支持什么、反对什么，对那些"闹"的教职工，要敢于直面问题，严格按照制度管理，理直气壮地弘扬校园正气，让脚踏实地、兢兢业业的人受到肯定，让偷奸耍滑、损害事业的人没有市场。唯有如此，才能在学校掀起一股干事创业的清风，为学校发展壮大提供强有力的组织力量。

（二）依法行使监督权利

公民有信访举报的权利，其目的是为了加强对公权的监督。但与此同时，也出现了个别人出于发泄个人怨气、谋求个人不正当的利益、嫉妒他人取得成绩等目的，无中生有、捕风捉影、捏造事实、颠倒黑白、混淆是非，通过信访举报、匿名信等方式，诬告、陷害、中伤、抹黑那些干事创业、担当作为、改革创新的人，给当事人带来极大心理阴影甚至身体上的创伤，这种伤害甚至是终生难以痊愈的。这种行为极大干扰了学校的正常工作，导致学校人心惶惶、管理失序、乌烟瘴气，严重误导学校风气。学校领导干部和教职工是人不是神，工作上也非尽善尽美，人性上也有自己的弱点，对于工作上存在的问题完全可以通过沟通和正常的监督渠道去解决，同志之间有意见也完全可以通过当面讲和寻求组织加以解决，必要时也可以走法律渠道，采用诬告、陷害、中伤等方法进行信访举报已经超出了法律和纪律的范围，而且这些不正常的情况会导致学校谨小慎微，不敢担当作为、不敢改革创新，越来越多的本能地采取防御性措施，以求避免纠纷和矛盾，对学校复杂的问题能不涉及就不涉及，能丧失原则换来表面的稳定就不坚持原则，慢慢地学校成了"温水里的青蛙"。监督举报无疑是强化监督的利器，必须依法保护举报人的合法权益，但这绝不意味着举报者可以不负责任地肆意妄为。恰恰相反，正因为举报具有政治、政策、法律的属性，所以必须实事求是、依法依规，这是极其严肃的政治行为，都是非同小可的事，只有依法依规行使监督权力，才能营造风清气正的政治生态。

（三）正确行使民主权利

只要是有人群的地方，无论多么"民主"的管理，都不可能让人人满意，因为民主本身就不是绝对"公平"的制度，只是"最不坏"的制度。学校中一些人，让他感到民主与公平的办法只有一个，就是让他得利、按照他的意见办，否则，哪怕学校大多数人通过的方案，他都会说是"不公平""不民主"。他们习惯于坐在屋子里，豪言壮语、气吞山河、评头论足，听起来似乎他对学校感情最深，道理也很多，但只有唱功，没有做功，嘴行千里，屁股在屋里；他们习惯于说这也不对，那也不对，就是不说怎么样才对；他们喜欢说这人不行，那人不行，就是不说自己行不行；他们不当运动员，只当裁判员，只吹哨不上场，谁"进球"吹谁"犯规"，你在前边干，他在旁边看。长此以往，涣散了学校斗志，污染了教育空气。面对这种情况，学校要敢于亮剑，坚持遵循原则行事，尽最大力量做好教师思想工作，对老师政治上教育、思想上引导，必要时要敢于拿起纪律的武器进行斗争，否则就是对绝大多数老师不负责，对事业不负责。

中国自古以来，就有埋头苦干的人，有拼命硬干的人，有为民请命的人，有舍身求法的人。面对高质量发展的时代命题，学校要充分把握教育发展的政策方向，提高政治站位，承担历史使命，勇于担当作为，构建风清气正的学校发展生态，不断提升治理能力和水平，为培养社会主义合格建设者和接班人做出应有的贡献。

第七章　现代化学校教师队伍建设新思维

　　百年大计，教育为本；教育大计，教师为本。教师是教育发展的第一资源，是立教之本、兴教之源，也是国家富强、民族振兴、人民幸福的重要基石。新时代教师队伍建设需要深刻系统回答教师"从哪里来""到哪里去"的一系列重大理论和实践问题，学校要下大力气系统提升教师的教书育人能力，全面推进高质量教师队伍建设，积极用忠心、爱心、匠心、痴心、童心、虚心、清心、恒心、良心、雄心"十心"立师德，不断提升教师思想政治水平和师德师风水平；用学习力、研究力、创新力、驾驭力、表达力、感召力、观察力、反思力、执行力、沟通力"十力"提师能，加快教师专业能力成长，争当名师、教育家；用才气、雅气、灵气、正气、锐气、和气、勇气、大气、心气、豪气"十气"修师表，严格规范教师职业行为，树立人民教师良好形象，言传身教，为人师表。

第一节　教师队伍建设的重要意义

兴国必先强教，兴教必先强师。在加快构建高质量教育体系、建设教育强国的新征程上，造就一支高素质专业化基础教育教师队伍，对于办好基础教育乃至整个国民教育至关重要。

一、教师是教育发展的第一资源

人民教师，无上光荣。教师是人类灵魂的工程师，从事着太阳底下最光辉的职业，承担着播撒知识、传承文明、传播真理的历史使命，肩负着培养学生终身发展和社会发展需求的必备品格和关键能力的育人重任，关系着国家未来、民族命运、人民幸福。当今世界正处于百年未有之大变局，我国特色社会主义进入了新时代，社会主要矛盾已经转化为人民日益增长的美好生活需要和不平衡不充分的发展之间的矛盾，人民对"上好学"的美好期盼更加迫切。面对新时代、新方位、新征程、新使命，我们要清醒看到，教师的政治地位、社会地位和职业地位有待于进一步提高，教师思想政治素养、师德师风素养、道德品质素养有待进一步加强，教师业务素质、育人能力、专业水平有待进一步提升，中小学教师队伍建设还不能完全适应新时代人才培养需要。教育越发展，教师越重要。学校要充分认识学校现代化进程中教师工作的极端重要性，把全面加强教师队伍建设作为学校核心工作中的核心，切实抓紧、抓好。

二、教师是学校发展的立教之本

教育是国之大计，党之大计。基础教育是人才培养的起点，也是建设社会主义现代化强国和中华民族伟大复兴的重要人才发端。没有一支不忘初心、牢记使命，立德树人、教书育人，爱岗敬业、为人师表的高质量教师队伍，就没有高质量教育的美好未来。进入新时代，教师面临的要求更高，承担的责任更重，需要完成的任务更多，每个教师都要珍惜人民教师的光荣，不负党和人民的期望，牢记为党育才、为国育人的初心和使命，全面贯彻党的教育方针，坚持立德树人的根本任务，培养青少年学生的创新意识、创新能力、创新素养，为建设社会主义现代化强国和中华民族伟大复兴提供源源不断的人才和智力支持。教师要耐得住清贫、孤独和寂寞，忠诚于党的教育事业，有对学生无限的爱心，有潜心从教的静心，有终生从教的坚守，有教书育人的能力，有理想信仰的追求，有高尚品行的示范，不断严格要求自己、完善自己，在本职岗位上为党和人民的事业、为学生全面而有个性成长做出新的更大贡献。

三、教师是学生成长的兴教之源

一个人遇到好老师是人生的幸运，一个学校拥有好老师是学校的光荣，一个民族源源不断涌现出一批又一批好老师则是民族的希望。建设一支师德高尚、业务精湛、结构合理、充满活力的高素质专业化教师队伍，是教育事业的未来和希望。广大教师要遵循教育规律和人才成长规律，担起学生健康成长指导者的责任，做学生锤炼品格、学习知识、创新思维、奉献祖国的引路人。学校要尊重教师成长发展规律，直面教师队伍建设的问题，找准教师队伍建设的突破口和着力点，破除教师发展中深层次体制机制障碍，深化教师队伍建设改革，建设现代化、高素质、专业化、创新型教师队伍，形成优秀人才争相从教、教师人人尽展其才、好教师不断涌现的良好局面。

学校要坚持把教师队伍建设作为基础工作，进一步加强教师队伍的思想政治建设、师德师风建设、业务能力建设，建立健全教师队伍管理和服务保障体制机制，引导广大教师争做党和人民满意的"四有"好老师。

第二节　教师队伍的思想政治建设

基础教育在国民教育体系中处于基础性、先导性地位，是立德树人的奠基工程。教师思想政治素养关系培养什么样的人、如何培养人以及为谁培养人这个根本问题。中小学教师必须有鲜明的政治立场、坚定的理想信念和较高的政治修养，不断增强价值判断力、选择力、塑造力，带头践行社会主义核心价值观，不忘立德树人初心，牢记为党育人、为国育才使命，努力承担传承文明、传播知识、传播思想、传播真理，塑造灵魂、塑造生命、塑造新人的时代重任，培养德智体美劳全面发展的社会主义建设者和接班人。

一、教师队伍思想政治建设的重要意义

中小学阶段是学生世界观、人生观、价值观形成的关键时期，最需要精心培育和正确引导。教师思想政治素质关系教育教学行为的方向是否正确，关系中小学生能否扣好人生第一粒扣子，关系中华民族能否实现伟大复兴，关系人民群众能否实现对美好生活向往。学校要深刻认识加强教师队伍思想政治建设的重要性和紧迫性，全面推进中小学教师队伍思想政治建设，这是学校的神圣职责和光荣使命。

（一）教师思想政治素质关系国家未来

建国君民，教学为先。古今中外，任何国家、任何时代的教育，都是为统治阶级服务的，都肩负着特定的社会责任和历史使命，都要解决"为了谁""依靠谁"的根本问题。我们是社会主义国家，学校必须坚持以人民为中心，坚持社会主义方向，坚持党的全面领导，这是我国中小学教育同世界其他国家本质的不同。然而，近年来，在市场经济的冲击下，各种思潮泛起，严重干扰了我们对教育本质的认识。有的学校只片面强调教育的公共服务属性，忽视教育的政治属性，对中小学教师思想政治教育重视不够；有的教师强调"普世价值观"，只重视专业发展，缺乏理想信念，历史虚无主义盛行；有的教师存在拜金主义、享乐主义、极端个人主义等问题，严重影响了学生正确人生观、世界观、价值观的形成。我们必须深刻地认识到，教师具有国家公职人员特殊的法律地位，教师的教育行为不是代表个人，而是代表党、国家、人民的意志，承

担着立德树人、培养合格建设者和可靠接班人的神圣责任，都需要受到国家法律、政策的规范和约束。目前，我国已经顺利实现了第一个百年奋斗目标，正在向第二个百年奋斗目标迈进，教师要以习近平新时代中国特色社会主义思想为指导，全面落实党的教育方针，落实立德树人的根本任务，增强"四个意识"，坚定"四个自信"，做到"两个维护"，培养堪当民族复兴大任的时代新人。

（二）教师思想政治素质关系学生成长

一个教师的"教育观"是以"教育价值观"为核心形成的，一个教师培养人的责任和使命是通过教书育人来完成。一个教师应该懂得，教育所有工作的意义都是在为未来做准备，今天学生的样子就是中国明天的模样。当选择了教师这个职业就选择了责任，就要把教书和育人统一起来，既要做"学问之师"又要做"思想导师"，坚持把立德树人落实到细微之处。教师要有坚定的理想信仰，要不断增强自己政治觉悟和政治敏锐性、政治执行力，养成从政治上看问题的思维方法，坚守正确的意识形态教育，敢于和各种错误观点和思潮做斗争，在大是大非面前保持政治清醒。教师要不断提升自己思想政治理论水平，不断拓宽自己知识视野、关注国际大势、理清历史脉络，善于用坚定的理想信仰激励学生奋斗、用透彻的学理分析回应学生疑问，用彻底的思想政治理论矫正学生偏差，用强大的真理力量引导学生前行，用深入的纵横比较引导学生立大德、树大志、担大任。

（三）教师思想政治素质关系自我发展

教师是"大先生"，思想政治的彻底清醒是教师个人成长的基础和前提，是专业成长的导引和支撑。说到底，一个教师只有明白了"我是谁""我要干什么"，才能明白"怎么干"。在实践中，可以看到一个优秀教师的底气就来自于过硬的思想政治素质。教师只有成为中国共产党的坚定拥护者、共产主义理想的坚定信仰者、社会主义核心价值观的坚定践行者，才能认识到自己工作的价值、事业的意义和人生奋斗的方向，方能理直气壮地站在讲台上，真正成为学生理想信仰的引路人、健康成长的指导者、道德品质的铸造者。教师要树立并践行终身学习的理念，特别是对马克思主义基本理论、习近平新时代中国特色社会主义思想、党的路线方针政策和社会主义发展史等的学习，只有我们了解党、国家、社会主义事业等基本国情和当今世界错综复杂的形势变化，才能不断丰富自己的思想，提高自己的认知能力，提升业务能力和教育教学质量，有底气、有信念地从事教书育人工作，在不断获得自我发展、职业幸福感和满足感的同时成为受学生喜爱的好教师。

二、教师队伍思想政治建设的内容和途径

教育者先受教育。学校要将思想政治素质作为评价教师素质的第一标准，引导教师坚持"四个相统一"，争做"四有好老师"，当好"四个引路人"，打造一支理想信念坚定、思想政治素质过硬、道德品质高尚的教师队伍。

（一）坚持正确政治方向

首先，加强政治学习。教师要认真学习贯彻习近平新时代中国特色社会主义思想和习近平相关教育的重要论述，学习党的路线方

针政策，全面贯彻党的教育方针，带头践行社会主义核心价值观，不断提高对自身职责的特殊性和重要性的认识，不断增强为党的教育事业服务的责任感和使命感。其次，坚定理想信念。教师要提高政治站位，忠诚于党的教育事业，不断增强价值判断力、选择力、塑造力，落实立德树人的根本任务，坚定中国特色社会主义道路自信、理论自信、制度自信、文化自信，扎根中国大地办教育，培养德智体美劳全面发展的社会主义建设者和接班人。最后，弘扬爱国主义精神。教师要传承中华优秀传统文化，赓续红色基因，推动教师充分了解党情、国情、社情、民情，爱党爱国爱人民爱社会主义，自觉服务社会、奉献祖国，争做"四有"好教师。

（二）坚持党的领导

首先，加强党对学校工作全面领导。全面落实党组织领导的校长负责制，充分发挥学校党组织把方向、管大局、做决策、抓干部、带队伍、保落实的领导责任，确保正确的教育办学方向。其次，加强教师日常管理监督。全面落实从严治党主体责任，加强意识形态教育，严守政治底线，引导教师增强政治意识、大局意识、核心意识、看齐意识，打造一支政治强、情怀深、思维新、视野广、自律严、人格正，忠于党、忠于祖国的教育"铁军"。最后，创新工作方式方法。针对教师职业特点，开辟思想政治教育新阵地，利用思想政治教育新载体，政治上严格要求、工作上热情帮助、生活上真诚关心，增强思想政治工作的针对性和实效性，教育、团结、凝聚广大教师学为人师、行为世范。

（三）坚持正面"灌输"

首先，建立学习制度。教师思想政治素质不是"从天而降"的，也不是"生来就有"的，需要在后天不断强化、正面培养才能形成。学校要不断强化教师思想政治渗透，通过教师会、分类轮训、集中学习、专题培训、交流研讨等方式，加强对马克思主义理论、习近平新时代中国特色社会主义思想、形势与政策的学习教育，并将学习情况纳入继续教育学分。其次，开展谈心交流。学校要开展干部联系年级、党员联系教师的制度，定期开展"一帮一"谈心活动，关心教师思想动态和工作生活情况，了解教师思想认识的混淆点和堵点、教学中的难点和痛点，春风化雨、润物无声地破解顽瘴痼疾，引领教师成长和进步。最后，加强榜样引领。三尺讲台系国运，学校要选树思想政治素质好，业务水平高的优秀典型，宣传他们的先进事迹，展现人民教师光辉的形象，树立引领广大教师争做新时代"四有"好老师的价值导向。

（四）坚持实践体验

首先，提升教学能力。教师的思想政治素质需要通过教育教学工作体现出来。学校要引领教师从"知识本位"向"素养本位"转变，准确把握不同学段、不同学科核心素养目标，在教学中渗透思想政治教育，提升教育教学能力。其次，提升育人能力。要引导教师从片面追求"升学价值取向"向"全面育人价值取向"转变，引导教师加强中华优秀传统文化、革命文化、社会主义先进文化和相关学科知识的学习，不断更新知识储备，坚定中国特色社会主义道路自信、理论自信、制度自信、文化自信。最后，提升实践能力。

利用博物馆、图书馆、爱国主义教育基地、红色教育基地，组织教师开展实践研修，深刻把握世情、党情、国情、教情，厚植家国情怀、教育情怀和仁爱情怀。

三、教师队伍思想政治建设的保障措施

（一）完善教师思想政治素质的评价

纠正"唯分数""唯升学"的片面教育评价观，把教师参加思想政治的学习、活动、教育效果等纳入到教师考核之中，并将考评结果作为中小学思政课教师职称评聘、绩效分配、评奖评优、培养培训的依据。

（二）拓宽教师思想政治素质展示平台

针对教师思想政治素质现实特点，开展演讲、辩论、论坛、参观、考察、时事讲座等活动，激励教师聚焦思想政治素质苦练内功。组织育人基本功大赛、德育大赛、优秀教学设计评选活动，以赛促优、以研提质，提升教师政治思想教学效果。

（三）健全教师思想政治素质激励机制

学校开展"四有"好老师、"育人楷模"、"模范教师"、"优秀教师"等评选活动，选树教师先进典型。及时宣传他们的先进事迹。鼓励教师深化思想政治教育研究，开展互动式、案例式、研究式教学实践，对取得的成果给予表彰和奖励。

教师队伍是学校第一资源，思想政治素质是教师队伍的第一标准。学校要坚持思想铸魂，狠抓教师思想政治建设，不忘立德树人初心，牢记为党育人、为国育才使命，努力培养和造就一支中华民

族伟大复兴的"梦之队"。

第三节 教师队伍的师德师风建设

教师是一个特殊的职业，承载着教书育人的神圣责任，其言行举止都会在潜移默化中起到启蒙、教化的作用。古往今来，教师都被视为社会楷模、道德的形象、行为的示范、知识的化身、学生榜样，这就要求教师的道德水准高于社会其他职业。学高为师、身正为范、为人师表、以身作则、言传身教、爱岗敬业、关爱学生等职业道德和行为准则俨然成为教师的精神长相，寄托着人们对教师殷切的期望。学校要高度重视教师师德师风建设，不断促进教师树立良好的道德品质，不断提高人格修养，不断提升自己学识水平，严格遵守教师职业道德，严格履行教师职业规范，以德立身、以德立学、以德施教、以德育德。

一、师德师风建设的内涵和特征

师德师风是现代化教师队伍建设的核心内容，是教师在长期的教育教学实践中形成的深厚的知识修养、高尚的文化品位、稳定的道德品质、严谨的行为规范的综合表现。做好教师，要有理想信念、要有道德情操、要有扎实学识、要有仁爱之心，立志做学生锤炼品格、学习知识、创新思维、奉献祖国的引路人。争做"四有"好教师，当好引路人较为完整地代表了党、国家、人民对教师师德师风的要求，极大丰富了教师师德师风的内涵。具有以下特征。

（一）坚定的政治立场

坚定的政治立场是师德建设的"魂"。"师者，所以传道授业解惑也"，教师承担着铸魂育人的天职和使命，起着传承文明、播撒新知、传播真理、促进国家发展和促进个体成人的责任。特别是青少年阶段正处于人生的"拔节孕穗期"，最需要精心引导和栽培。教师不能只做传授书本知识的"教书匠""搬运工""复读机"，要掌握马克思主义立场观点方法，认清中国和世界发展大势，增进对中国特色社会主义的政治认同、思想认同、理论认同、情感认同，自觉地用中国特色社会主义理想信念铸魂，用"四个意识"导航，用"四个自信"强基，用"两个维护"铸魂。要坚持教书和育人、言传和身教、潜心问道和关注社会、学术自由和学术规范相统一，成为塑造学生品格、品行、品位的"大先生"，教育引导学生坚定理想信念、厚植爱国主义情怀、加强品德修养、增长知识见识、培养奋斗精神、增强综合素质，真正给学生心灵埋下真善美的种子，引导学生扣好人生第一粒扣子。

（二）高尚的道德情操

高尚的道德情操是教师师德的"标"。《大学》中说："大学之道，在明明德，在亲民，在止于至善。"教师的职业特性决定了道德素养是对教师的首要要求。学校是一个研究学问、探索真理的地方，社会主义核心价值观承载着一个国家的精神追求，体现着整个社会评判是非曲直的价值标准，它既是个人的德，也是国家的德、社会的德，教师要能够准确理解和把握社会主义核心价值观的深刻内涵，增强价值判断、选择、塑造能力，带头践行社会主义核心价值观并将其融入教育教学全过程，体现到学校管理及校园文化建设各环节，进一步凝聚起师生员工思想共识，使之成为共同价值追求。教师没有"八小时之外"，任何时候、任何地方，都要以"捧着一颗心来，不带半根草去"的精神，培养自己的高雅品格、文雅情趣、儒雅行为，以赤诚之心、奉献之心、仁爱之心赢得学生，用可信、可敬、可靠的人格魅力感染学生，用乐为、敢为、有为的精神力量感召学生，树立新时代教师阳光美丽、爱岗敬业、甘于奉献、改革创新的新形象，做学生为人立德、为学立言、为事立功的人生楷模。

（三）严格的行为规范

严格的行为规范是教师师德的"范"，这就决定教师行为不能随心所欲，讲台"怎么站"、课堂"怎么讲"，要严格遵守教师的行为规范，要对国家、对社会、对学生负责。近年来，我国制定出台了《关于加强和改进新时代师德师风建设的实施意见》《新时代中小学教师职业行为十项准则》等系列文件，提出了对师德师风建设的具体要求，明确了师德师风建设的实现路径，建立健全教育、宣传、考核、监督、奖励、惩处六大制度，形成了抓规范、树典型、惩失范三位一体的全方位立体式网格化的师德监管体系。教师要严格遵守这些规定，强化底线意识、红线意识，守好政治底线、法律底线、道德底线，切实增强自律意识，弘扬主旋律，传递正能量，在人前人后保持一致、课上课下保持一致、网上网下保持一致，不能当面一套背后一套、课上一套课下一套、网上一套网下一套，真正做到政治强、情怀深、思维新、视野广、自律严、人格正，成为正确思想的引领者、党和国家的支持者、先进文化的传播者、学生成长的指导者。

（四）价值认同的内化

价值认同的内化是教师师德的"根"。外因是变化的条件，内因是变化的根据，教师师德的养成不仅需要严格规范和制度的要求，更需要教师发自内心的价值认同和严格自我约束。教师要认识到教师职业的特殊性，理解和把握新时代人民教师师德的内涵和特质，不断自省自律、内化内升，力争在价值理念、思想文化、道德规范和行为方式等方面成为学生楷模和社会示范，这本身就是强大的教育力量。教师要树立积极进取的人生态度，在教育教学中不断锤炼坚定的理想追求、增强深厚的家国情怀、树立高远的鸿鹄之志，做新时代的奋斗者。教师要有深情的教育情怀，热爱教育事业，满腔热情地投入到教育工作中，坚持立德树人、教书育人、言传身教、以身作则，躬身实践，身体力行，坚持思想和教学相结合、学术和价值相结合，理论和实践相结合、上好每一堂课，育好每一个人，传播知识、引领思想、探究真理、塑造灵魂，以人格魅力引导学生成长，以学术魅力开启学生求知征途。

二、师德师风建设的内容和方法

教育是国家兴旺之基、民族振兴之本、家庭幸福之源，承担着知识启蒙、智力开发、人性升华的沉甸甸的责任和神圣的使命。学校要坚持以共同价值观为引领凝聚人、崇高的事业为根本发展人、炽热的爱心为基础激励人、广博的学识为核心培育人，大力弘扬高尚师德师风。

（一）以共同价值观凝聚人

校无德不兴，人无德不立。对一个学校来说，最持久、最深层的力量是全校师生共同认可的核心价值观，这是一种德，既是个人的德，也是全校的德，更是国家的德、社会的德。如果一个学校没有形成共同的核心价值观，莫衷一是，行无依归，那这个学校就无法前进。

1. 承担教育的责任和使命。光阴荏苒，物换星移。时间之河川流不息，我们这一代教师的使命和责任就是要告别曾经的光荣、地位、荣誉，相约在新的时代，承担为党育人、为国育才的光荣使命，迎接人生新的挑战；就是要放弃安逸、享受，承担培养德智体美劳全面发展的时代新人的崇高责任，接受人民的检阅。选择了教师这个职业，就是选择了使命和责任，就是选择了奉献和牺牲，就注定我们要比别人付出更多。但想一想，在自己有生之年，生逢伟大的时代，能够为中华民族伟大复兴贡献人才和智力支持，这是一件多么有意义的事情呀！再想一想，10 年、20 年、30 年后，我们培养的学生会踔厉奋斗在祖国各条战线上，服务人民，实现自己人生的价值，这又何尝不是自己人生的意义和职业的价值！当教师想明白了、想对了"我是谁"，我从"哪里来"，我要到"哪里去"，我要"干什么"，就会把教育事业当成自己的事业，就会坚定不移朝着目标前进。

2. 树立教育理想和追求。"经师易求，人师难得。"老师肩负着培养下一代的重要责任，只会教课的教师不是好老师。陶行知先生说，教师是"千教万教，教人求真"，学生是"千学万学，学做真人"，一个优秀的老师，应该是既精通专业知识、做好"经师"，又涵养德行、成为"人师"；既要精于"授业""解惑"，更要以"传道"为责任和使命，努力做精于"传道授业解惑"的"经师"和"人师"的统一者。好老师心中要有国家和民族、世界和人类、明天和未来、学生和家庭，要明确意识到肩负的国家使命和社会责任，严肃认真对待自己的职责，帮助学生筑梦、追梦、圆梦，让一代又一代年轻人都成为正能量。教师要用好课堂讲台和校园阵地，增强学生的价值判断能力、价值选择能力、价值塑造能力，用自己的行动、学识、阅历、经验点燃学生对真、善、美的向往，润物细无声地浸润学生们的心田、引领学生健康成长。

3. 形成教育文化和氛围。梅贻琦先生说："所谓大学者，非谓有大楼之谓也，有大师之谓也。"学校是一个研究学问、探索真理的地方，教师如何成为学问之师、品行之师，这既是一个理论问题，更是一个实践问题。好老师不是天生的，而是在教学管理实践中、在教育改革发展中锻炼成长起来的。学校要吸收中华民族优秀传统文化和文明成果，围绕学校核心价值观提出学校办学理念、育人目标、校训、校风、教风、学风，回答好要建设什么样的学校、培育什么样的学生的重大问题，大力弘扬追求真理、科学民主、真诚善良、忠义仁勇、和而不同的学校精神，以共同的愿景承载每个人的美好愿景，以文化的力量凝聚全体教师上下求索。教师要站立在学校这片土地上，吸吮学校积累的文化养分，铭记教书育人的使命，保持清醒的头脑，聚合磅礴之力，坚定信念，甘当人梯，甘当铺路石，以人格魅力引导学生心灵，以学术造诣开启学生的智慧之门。这是我们的目标，也是我们的责任，是我们对国家的责任，对人民的责任，对历史的责任。

（二）以崇高的事业发展人

教育的伟大意义在于它是一项面向未来的事业，我们不仅要给学生以知识，更要给学生以信仰，对未来的向往和积极的人生态度。教师应该深情地爱着自己的祖国和人民，平等博爱，胸怀天下，以振兴民族教育事业为己任。应该忠诚和热爱教育事业，在他的眼中充满了智慧，在他的身上我们能感受到奋斗的力量、教育的神圣和伟大。

1. 要坚守职业操守。人们常说干一行爱一行，做老师就要热爱教育工作，不能把教育岗位仅仅作为一个养家糊口的职业。如果在金钱、物欲、名利同人格的较量中把握不住自己，那是当不好老师的。老师对学生的影响，离不开老师的学识和能力，更离不开老师为人处世、于国于民、于公于私所持的价值观。一个老师如果在是非、曲直、善恶、义利、得失等方面老出问题，怎么能担起立德树人的责任？师者为师亦为范，学者育人又育德，无论从事什么职业，那些全身心投入工作的人都是令人肃然起敬的。灯光下教师伏案认真批改作业的身影、黑夜中教师披着星光默默离开学校的脚步，教师在门口为孩子整理凌乱的头发的举动……都是学校动人的风景，这就是职业坚守。无论学校要求不要求、考核不考核，我都这样去做，因为这是我们的阵地。当一个教师有了为事业奋斗的志向，才能在老师这个岗位上干得有滋有味，干出好成绩。

2. 要执着教书育人。教育是最具创新意义的职业，一个教师要做一个有心人、一个思考者、一个实践者，善于抓住教育实践中每一个火花，大胆实践，进行教育科研和创新。只有我们在某方面某领域有自己独到见解，勇于进行有价值的实践并取得较好的效果，才能推动和引领教育的发展。面对几千年的教育传统和教育观念，面对日新月异的快速发展和社会转型，教师要有胸怀接受那些改变不了的事情，更要有勇气和能力对那些能改变的事情做出有价值的变革。教师不应该是一个搬运工，也不应是一个教书匠，他的人生不仅仅是叙述、讲解、提问，更是启迪智慧、点化生命、东南西北是他的课堂，大千世界是他的教材，兼容并蓄、融会贯通是他的风格。当一个老师有了"衣带渐宽终不悔，为伊消得人憔悴"的精神，就会兢兢业业做好工作。

3. 要培育教育情怀。一个教师要耐得住孤独、清贫和寂寞，默默守望在自己教育的麦田。一个把教育作为谋生手段或者仅仅作为职业的教师，他会争名于朝，谋利于夕，信念流浪，思想浮躁。在这样的教师脸上看不到对教育的热爱、对学生的热爱，看不到激情和希望。做老师，最好的回报是学生成人成才，桃李满天下。想想无数孩子在我们的教育下学到知识、学会做人；想一想今天这些个性迥异、调皮活泼的孩子明天可能成为政治家、企业家、科学家和各行各业的建设者，这是一件多么美好、多么有意义的事。

（三）以炽热的爱心激励人

教育就像大山里的回音，爱是永恒的主题。爱心是学生打开知识之门、启迪心智的开始，爱心能够滋润并浇开学生美丽的心灵之花。如何成为好老师，是每一个老师应该认真思考和探索的问题，也是每一个老师的理想和追求。每个人心目中都有自己好老师的形象，好老师没有统一的模式，教育风格可以各显身手、各有千秋，但有炽热的爱心是所有好老师共同的、必不可少的特质。老师的爱，既包括爱职业、爱学生、爱学校，也包括爱一切美好的事物。

1.要爱职业。一个人是否快乐不是取决于他处在什么岗位，而是取决于他爱不爱自己的岗位。一个人爱这个职业，这个职业就是最光辉的，一个人不爱这个职业，这个职业就是痛苦的；在工资高、工作条件好的学校工作的教师不是没有痛苦和烦恼，在工资低、条件差的学校工作的教师不是没有快乐。如果我们爱我们的职业，无论在什么地方工作，都不会失去快乐、信心，更不会精神痛苦。有人把工作的境界分成无心无意、三心二意、半心半意、一心一意、舍身忘我等五种。无心无意者没有认识到教育事业的神圣伟大，以及教育对于中华民族发展起的决定性、基础性作用，他们麻木不仁、不思进取、终日不知所为，他们不知道加入教师行列是为什么，在教师队伍中应该干什么，自己身后应该留下什么；三心二意和半心半意者不懂得教师要奉献和牺牲，整天牢骚满腹，伤肝伤身，在这种境界中工作，他们是不满足的、不幸福的、不快乐的，他们争名于朝，谋利于夕，即使做了一些工作，取得了一些成绩，也会信念流浪，思想浮躁，远离快乐的精神家园，生活在抱怨和痛苦之中；而一心一意、舍身忘我工作的教师心中有事业、有学生、有自己的阵地，他们的业务水平也许在全校不是最高的，他们的收入也许不是全校最高的，但面对喧嚣的世界、面对滚滚红尘和各种诱惑，他们会深深地眷恋着自己的事业，深深地守着自己宁静的心灵，充满了职业的光荣感、自豪感、成就感和幸福感！教师要经常问问自己，爱自己的岗位吗，从而不断强化对职业的爱，守住自己的心灵不长杂草。

2. 要爱学校。学校是一个广阔的天地，是教师成长的舞台，在这里是大有作为的。每一位老师背后都有一个动人的故事，不同的人生经历、不同的文化背景、不同的思想认识会对学校有不同的感受。也许学校办学条件还不尽完美、也许学校很忙很累、也许学校待遇较低、也许学生生源基础较差，但抱怨、牢骚、嫌弃解决不了问题。其实我们的学校并不缺乏美，我们缺乏的是发现美的眼睛。走进校园，老师拉着学生的手在校园走过，晨曦伴随那么嘹亮的书声，阳光为他们披上了美丽的衣裳，这是学校的美；老师和孩子们一起在操场摸爬滚打，脸上洋溢着幸福的笑容，汗水洒满了师生阳光的脸庞，这是学校的美；老师领着一群小鸟般的学生，把他们送出校门，深情的目光凝望着孩子，夕阳把他们的身影拉得很长很长，这是学校的美……如果我们从辛苦的教育工作中干出了乐趣，感受到学校蓬勃的发展潜力、温馨的气息，感受到学校深厚的文化底蕴、振奋的精神力量，感受到学校勃勃的生机、动人的活力；感受到窗明几净的环境、聆听鲜花盛开的声音，那么无论我们多忙、多累，都能激发出教育的激情，体会到职业的神圣和伟大，享受到教师的快乐，会从教育的必然王国迈入教育的自由王国。

3. 要爱学生。水赏无华，相荡而成涟漪；石本无光，相击而成火花。师者仁者之心也，爱是教育的灵魂，没有爱就没有教育，没有爱心的人不可能成为好老师。高尔基说："谁爱孩子，孩子就爱谁。只有爱孩子的人，他才可以教育孩子。"好老师应该懂得，选择当老师就选择了责任，就要尽到教书育人、立德树人的责任，并把这种责任体现到平凡、普通、细微的教学管理之中。好老师是仁师，他的眼神应该是慈爱、友善、温情的，透着智慧与真情，对学生的教育和引导应该是充满爱心和信任的，在严慈相济的前提下晓之以理、动之以情，让学生"亲其师""信其道"。好老师会用爱培育爱、激发爱、传播爱，通过真情、真心、真诚拉近同学生的距离，滋润学生的心田，使自己成为学生的好朋友和贴心人。好老师会把自己的温暖和情感倾注到每一个学生身上，用欣赏增强学生的信心，用信任树立学生的自尊，让每一个学生都健康成长，让每一个学生都享受成功的喜悦。正是因为爱教育、爱学生，我们很多老师才有了用一辈子备一堂课、用一辈子在三尺讲台默默奉献的力量，才有了在学生遇到危难时挺身而出的勇气，才有了敢于攻克新知新学的锐气。老师爱心有多深，学生舞台就有多大。

（四）以广博的学识培育人

为了使学生获得一点知识的亮光，教师应吸进整个光的海洋。作为老师，自己所获取的知识必须大大超过要教给学生的范围，不仅要有胜任教学的专业知识，还要有广博的通用知识、宽阔的视野和学习、处世、生活、育人的智慧，既授人以鱼，又授人以渔，在各个方面给学生以帮助和指导。

1.站稳讲台。当家长牵着孩子的小手把他交给我们，看着孩子天真烂漫的笑脸，我们需要问问自己，家长交给我们一个快乐、天真、纯洁、好奇的孩子，若干年后我们将还给她一个什么样的孩子？也许学生会做错事，教师要多担待，因为他只是一棵嫩芽需要小心呵护；也许学生不够聪明伶俐，教师要多包容，因为他的路还很长，需要你的鼓励；也许学生在别人的眼中不成才，但他总是一个孩子，一个生命，一个家庭的希望，需要你的善待。每当听到教师严厉训斥学生、看到教师体罚或者变相体罚学生，我就感到紧张，我会想到假如这是我的孩子，我会怎么想？看到学生蓬乱的头发、脏兮兮的小脸、衣冠不整的样子，我会想假如我是老师，我会怎么办？教师要善待学生，热爱学生，也许他不够可爱！优秀学生人人爱，最不容易的是学会爱落后的学生，爱有缺点的学生。其实一个学生会因事、因时、因教而变，他在这件事上落后，在那件事上可能就先进；在现在可能落后，在未来可能先进；在好老师教育下就可能变得优秀，在不好的教师教育下可能落后。教师要守好讲台主阵地，避免重教书轻育人倾向，将立德树人放在首要位置，熟悉教育规律和学生身心发展规律，掌握科学有效的教育方法，在育人实践中锤炼高尚道德情操，在教育教学中提升师德素养，充分发挥课堂主渠道作用，以心育心、以德育德、以人格育人格。

2.海纳百川。没有完美的社会，也没有完美的人，教师必须具备对人和社会的包容能力，也就是一种宽容别人缺点和错误的能力，这样就会海纳百川、融会贯通，博采众长。任何一个民族的文明进步和发展，都是以吸取人类一切文明成果、融合重组古往今来一切的优秀文化，并把这些文明、文化有机地融入自身才获得发展的。作为教师，必须要虚怀若谷，不断提升自己认识的高度、知识的深度、人文修养的广度，用知识的魅力征服学生。作为教师必须具备包容学生的能力，学而不厌、诲人不倦、有教无类、因材施教，这本身就是一种伟大的教育力量。在教师的眼中他们应该都是亲切、可爱的学生，在他们的眼中教师应该是亲切可爱的老师，教师只有充分了解学生的心态、充分包容学生的缺点之后，才能走进教室。教师要带着对教育的热爱，包容学生缺点，善于发现学生心灵中昂扬向上、追真向善求美的种子，怀着不带任何功利性质的爱心走进学生的心灵，给学生期待和希望，探赜索隐，学亦无穷，乐亦无穷。

3. 面向未来。在一批批幼稚学子走进我们的学校学习的几年中，我们有责任帮助他们学会自由、民主、平等、包容，完成他们生理、心理、知识、体能、思想和社会责任感的全面成长，当一个个学生从我们的校门走出去的时候，手中拿到的不只是一张单薄的成绩单，还有那些在学校无法看到的获得，那决定他们未来走上什么样的路，承担着什么样的责任，有什么样的基本素质，它关乎顽强、勇敢、智慧、忠诚、尊严、合作等品质。世界上没有两片完全相同的树叶，老师面对的是一个个性格爱好、脾气秉性、兴趣特长、家庭情况、学习状况不一的学生，必须精心加以引导和培育，不能因为有的学生不讨自己喜欢、不对自己胃口就冷淡、排斥，更不能在人格上把学生分为三六九等。对所谓的"差生"甚至问题学生，老师更应该多一些理解和帮助。老师在学生心目中具有重要位置，老师无意间的一句话，可能成就一个人，也可能影响一个人。好老师一定要跳出教育看教育，站在未来看今天，平等对待每一个学生，尊重学生的个性，理解学生的情感，包容学生的缺点和不足，善于发现每一个学生的长处和闪光点，在我们的教育下让学生成为一个有良知的人、一个有自尊的人、一个有责任的人、一个有信念的人、一个有用的人。

（五）以人格的魅力影响人

一个人的伟大不是具体某一件事的伟大，而是人品和人格的伟大。教育事业的伟大一定来源于教师的伟大。学生喜欢学校、喜欢学习，都是从喜欢教师、喜欢教师做人做事风格开始的。一个热爱生活、豁达乐观、幽默风趣、充满激情和活力、善于学习和自我提高，有奋斗精神、有高雅气质、有人文精神、有创新能力的老师，必然是一个充满着人格光辉的教师，必然会受到学生喜爱并成为影响学生一生的人。

1. 要有坚定的信念和不屈不挠的意志。世间万物杂乱无章地堆在一起没有任何意义，但如果把这些东西按照一定的规律组合在一起，就会变得极有意义了。教师既然选择了这一职业就要坚定不移，要有脊梁骨，要做就要把它做好，一定要把它变成人生历程中的一座里程碑。一个教师走上讲台，却没有打算成为最优秀的教师，那么所做的一切工作永远是一堆水泥、沙子和石头，永远杂乱无章地堆在荒地上不成形状，没有任何意义和价值。同样的学历、同样的学校、同样的学生，一些教师潜心问道、精益求精、不屈不挠、兢兢业业，不断获得知识、智慧、经验、创造力，获得自信和学生的信任、社会的尊重；一些教师得过且过、当一天和尚撞一天钟，生活在抱怨、痛苦、焦虑之中，满身灰色、疲惫、负能量，人生失败的最大的原因一定来自你自身，怪不得别人。教师一定要像山，让自己挺立起来，站在学生面前，是自豪的，但不是骄傲的；是自尊的，但不是狂妄的；是自信的，但不是自负的，这样的教师一定会让学生感受到人格魅力，成为学生一生学习的榜样。

2. 要充满人性光辉和真诚的力量。我们每一个人都是从学生时代走过来的，我们也讨厌那些个性僵化、课堂枯燥、知识匮乏且强行要求学生服从的老师，我们喜欢那些真诚善良、平等待人、活泼可爱的老师，喜欢那些和我们一起奔跑、一起说笑、一起分享生活和快乐的老师。一个教师要自信而不自卑、坚定而不脆弱、宽容而不狭隘，学会用真人的成功与失败、真实的人生感悟和体会，真事的经验和教训告诉学生，使学生受到启发、激励和鼓舞。老师还要尊重学生、理解学生、宽容学生，平等对待每一个学生，这是每一个人都不可缺少的心理需要，学生更是如此。那些工作并快乐的教师，他们非常热爱自己的事业、自己的学生，他们自动、自发、自我奖励，他们的幸福在于贮存学生的未来！当我们让学生站在自己的肩头看得更远，当我们辛勤的工作助力学生走得更远，师生之间融洽和谐、怡然陶然，这是何等幸福的事呀。

3. 要有热情洋溢的个性和生动风趣的风格。教师的魅力来自内在的气质和风度、气概和心胸、成熟和智慧，一个热情洋溢、充满激情的人，一个对未来、事业和学生充满无限热爱的人，就像一团火能够点燃学生求知的火焰，受到学生喜爱和尊重。一个对工作、对同事、对学生冷漠的老师学生是不会喜欢的。作为教师，应该乐观向上、积极阳光，他可以对学生讲失败、讲痛苦，但最后一定能给学生光明和信心。一个优秀的教师在课堂会抑扬顿挫、激情四射、活力十足、个性飞扬，会时时刻刻和学生进行眼神的交流、动作的交流和语言的交流，会用自己的精神和情绪来影响学生，把每堂课上到最好的境界。同时，课堂需要一种轻松愉快的氛围，教师自然而生的生动风趣，师生之间默契的配合、会意的笑容，能给学生带来快乐，而且能在快乐之后启迪智慧。

三、师德师风建设的保障措施

教师师德师风建设涉及教师教学、生活、心理等各方面，具有内在的复杂性与不确定性，既要靠纪律约束，也要靠文化引领，还要靠内心认同，学校不能搞运动式建设，应该从日常抓起，从细节抓起，贯穿学校工作各方面和教师成长全过程，形成长效机制。

（一）加强制度保障

党和国家高度重视教师的师德师风建设，先后出台了《关于建立健全中小学师德建设长效机制的意见》《关于加强和改进新时代师德师风建设的意见》《新时代中小学教师职业行为十项准则》及配套的师德违规处理办法等一系列文件，构建中小学教师师德师风建设制度体系，为学校加强教师师德师风建设提供了基本遵循，学校要认真组织学习贯彻落实。要严格规范教师聘用，将师德师风要求纳入教师聘用合同，提高全体教师的法治意识、纪律意识、规则意识，坚守师德师风底线、红线，不断提升教师思想政治素养、道德情操和规范执教能力。要把加强师德师风建设作为教师队伍建设的首要任务，压实学校党组织和校长主体责任，明确责任分工，把师德师风建设作为从严治党、依法治校重要内容。学校要建立健全教师在课堂教学、教育学生、学术活动等方面的纪律要求和考核监督、奖励惩处制度，加强教师日常化、系统化、常态化教育宣传，引导教师自重、自省、自警、自励。

（二）建立激励约束机制

深入挖掘师德师风先进典型，开展最美教师、教书育人楷模、师德先进个人等评选表彰活动，举办优秀教师师德报告、模范事迹宣讲会等，用真人真事讲好学校师德故事。通过融媒体、校园版面等途径广泛宣传他们的先进事迹，充分发挥典型引领示范和辐射带动作用。落实师德师风作为教师考核第一标准，发挥师德考核对教师行为的激励、约束和引领作用，对师德考核不合格者在职称评聘、推优评先、岗位晋升、年度考核等方面实行"一票否决"，并及时向教师反馈，有针对性地帮助教师提高认识、加强整改。

（三）完善督导检查办法

学校要坚持"未诉先办""不诉也办"，聘请家长、人大代表、政协委员、责任督学担任学校师德师风监督员，加强对师德师风日常监督。在校园显著位置、校园网、微信、微博上公示学校及主管部门举报电话、邮箱等信息，畅通师生、家长反映问题的渠道，依法依规接受各方面监督。针对学生、家长反映强烈的师德师风多发问题，进行专项治理和整改，确保师德师风建设落到实处。要改变师德问题"雷声大、雨点小""禁而不止"的情况，完善师德失范行为的处理办法，建立师德治理和教师自律的长效机制，促进师德整体水平的持续稳步提升。

教育无小事，事事关育人。师德师风水平直接关系教师队伍在人民群众和学生心目中的形象，直接关系立德树人根本任务的实现，直接关系社会对学校教育的信任。教师要树立起良好的教育形象，力争把学校打造成孩子向往的家园，把教室变成温情的绿洲和创造的沃土。无论学生贫穷和富有，无论学生家庭和出身，让每一个学生在最纯净和最美好的季节里相约相逢，生长信念，滋养生命，共同创造人生的精彩，这是人民教师的光荣和责任。

第四节　教师队伍的业务能力建设

"所谓大学者，非谓有大楼之谓也，有大师之谓也。"中小学教师是学校核心竞争力和高质量发展的第一推动力，学校要高度重视教师队伍业务能力建设，以教师发展带动学校发展；要创新教师专业能力建设方法，着力营造教育家脱颖而出的制度环境，充分发挥优秀教师辐射带动作用，造就一批"大先生"；要完善教师的培养模式，深化精准培训改革，完善教师培训自主选学机制，推行线上线下混合式研修模式，进一步提升教师队伍专业能力建设效果；要改进教师教育内容，及时吸收学科前沿知识、新课程改革和教育研究最新成果，关注心理健康教育、家校协同育人、融合教育实施、科学教育提质、数字素养提升等内容，进一步提升教师队伍专业素质和能力；要引领教师积极投身教育教学改革，以提高课堂教学实效为核心，大力开展高质量教学模式的构建，推广"教学一体化方案"和"混合教学模式"等优秀的课堂教学方法，坚决改变课堂"灌"、作业"滥"、考试"多"、管理"死"等诸多不足，把时间还给学生，把课堂还给学生，把学习的主动权还给学生，让学生动脑、动口、动手，真正做学习的主人。

一、教师队伍业务能力建设的意义

习近平总书记强调："有高质量的教师，才会有高质量的教育。"每个人的成长都离不开教师的陪伴。一支知识渊博、业务精湛、技能娴熟、教法得当的教师队伍是学校的宝贵财富、是孩子成长的根基，是家庭的希望所在。在新发展阶段，学校要大力推进教师专业能力建设，带好高素质的"大国良师"队伍，为教育高质量发展提供坚实的人才支撑。

（一）教师业务能力是提高教育质量的关键

振兴国家和民族的希望在于教育，振兴教育的希望在于教师，离开教师的专业化发展，任何教育改革和发展的设想都难以变成现实。教育质量的提高与教师发展是紧密地、有机地联系在一起的。一支善于学习、知识渊博、基本功扎实、教学技能娴熟、素质全面、业务见长、专业突出、底蕴深厚、能力较强的教师队伍，会自警自省、自动自发、自我奖励、自我发展，会极大提升立德树人、教书育人质量。

（二）教师业务能力是教育改革的原动力

教师的思想观念、对改革的理解和所持的态度、能力素质、创新精神等决定了教师在推行改革方案时的主观能动性和选择性，这使得教育改革在一定程度上依赖于教师的能力素质。只有当教师通过持续不断的专业发展，具备了变革意识，具备了创新的能力和投身教育实践的崇高精神时，教育改革才能获得源源不断的巨大动力。

（三）教师业务能力是教师自身幸福的源泉

教师是育人的职业，是面向未来、享受成长的职业，具有极大的幸福价值。教师对幸福的理解、向往与追求，就是一种有待于发展的主体能力，一个优秀的教师会在专业能力成长中获得职业的幸福感，能从学生成长中获得人生价值的体现，能从家长、社会认可中获得高阶的情感体验，没有教师专业能力的发展，教师的幸福感便失去了源泉。

二、教师队伍业务能力建设的原则

（一）坚持正确导向性

中小学校同时也是教师专业能力养成的摇篮和基地。要引导教师树立正确的价值观，全面贯彻党的教育方针，坚持立德树人的根本任务，培养可靠接班人和合格建设者；要促使教师树立现代教育理念，丰富专业知识，提升教学技能，改进教育方法，适应新时代变化、人民群众需求、学生的发展、知识的迭代和技术的进步；要把教师的注意力引导到教书育人的精彩实践中，用全心思考教育问题，用全力投身教学工作，真正做到想着它、念着它、琢磨它、感悟它、享受它。

（二）坚持注重实践性

教师业务能力建设要伴随教师教学实践，通过学生成长显示出来，来不得半点"花架子""虚招数""走过场"。教师要学以致用、知行合一、育教结合，解决真问题、真解决问题，获得最大的效益；要树立终身教育和创新教育意识，在教育过程和教学实践中与时俱进，不断获得新理念、新知识、新能力、新发展，促使业务能力从幼稚到成熟、知识建构从低级到高级、教育认知从理论到实践的发展，完成教师作为自然人的一般发展到职业人的专业化发展的转变。

（三）坚持教师主体性

最好的教育是自我教育。教师是专业能力建设的主人，自我教育、自我成长是教师专业能力建设的最高境界。学校要培养教师的自我教育能力，引导更多的教师自我认识、自我评价、自我反思、自我调节、自我激励、自我发展，促进教师专业能力的可持续发展。要最大限度地发挥教师的主观能动性，调动教师专业发展的内驱力、原动力，强化教师专业能力提升意识和对自己负责的责任感，引导教师积极主动地发展自己，争取成为学习型、研究型教师。

（四）坚持科学研究性

教育即学习，学习即研究。教师专业能力建设应坚持以问题为导向，善于发现教育问题和现象、提出教育问题，分析教育问题、解决教育问题，在这个过程中注意培养教师发散思维、逆向思维、聚合思维的创新能力，事前反思、事中反思、事后反思的自我反思能力和查阅文献、信息选择、经验总结、规律探究、文字撰写、语言表达能力，从而把学校建成一个学习的社区和团体，让所有的教师都成为学习者、研究者、反思者。

（五）坚持全面发展性

马克思主义关于人发展的最高境界就是每个人的全面而自由的发展。教师专业能力建设是对教师劳动的高度认识和充分尊重，它更强调教师在教育舞台上应有的首创精神和主体意味，为教师获得充分发展提供强有力的专业化的支撑促进教师全面而有个性的发展应是教师专业能力建设的价值观。学校要面向教师全面素质的提高，对教师的终身发展负责，让教师的实力和自身价值得到最大限度的提升，使教师获得责任感、成就感、自尊感、幸福感。要不断提高教师专业能力建设的针对性、精准性、匹配度，根据教师专业能力欠缺的地方，按照定位精准、对象精准、内容精准、方式精准、评价精准的原则，提升教师教育、教学、研究、学习等专业能力。

三、教师队伍专业能力建设目标

（一）教师发展

提升教师教学、教考、教育、教研"四种教育"水平，丰富教师教育学和心理学知识、学科本体知识、课程建设知识、信息技术知识等"四种知识"底蕴，提升教师教案设计能力、课堂组织能力、语言表达能力、总结写作能力、使用新技术的能力，课题研究能力、教学诊断能力、教学问题的处理能力、自我学习能力、合作沟通能力"十种能力"素养。要鼓励教师固化提炼经验，并能说出来、写出来、做出来、发表出来、复制出来，使教师个人成果成为全校教师共享成果。要解决好理论和实践问题结合的问题，教师教学行为不能仅仅停留在现象本身，而要由"是什么"向"为什么"提炼，进而向"怎么样"转化；要以问题为导向，善于引导从"解题目"向"解决问题"进阶。

（二）学生发展

教师专业能力建设不能脱离学生实际获得去发展，要在学生发展基础上发展自己。教师要处理好师生关系，好的关系就是好的教育，好的关系影响师生一生。教师要在研究中成长，不能仅会照课标、教参、课本，中规中矩的教，更要深入研究学科素养、课堂教学策略和学生学习行为，引领学生走进社会、实践、时代的广阔空间，在"做中学""用中学""创中学"，去发现、去思索、去研究、去创造，让学生在获得具体的情境体验、亲身经历的情感变化、实在的发展中养成一流好品德、一身好习惯、一股好精神、一种好能力、一副好口才、一门好才艺、一身好体魄、一手好书法、一方好人气、一个好成绩等"十个一"素养，促进学生生动活泼地学习、健康快乐地成长，全面提高学生素质。

（三）团队发展

教师个人专业发展权利要尊重团队发展权利，要在集体中成长，要在交流互动中增值，要从个人获得转为更多人获得。教师业务能力建设要基于基础、依靠全体、挖掘潜力、循序渐进，通过撰写教育教学论文、教育案例分析、教学课例研究、共同阅读一本书等方法，共同开展课题、课堂、课程、教法、学法研究，营造出浓厚的研究氛围，在促进团队发展的同时，促进每个人的发展。

（四）学校发展

学校最核心的竞争力、最宝贵的资源是教师队伍，学校是开展教师专业能力建设的主要力量。一方面学校是教师工作、生活、学习的主要场所，对教师专业能力建设具有文化引领力、制度保障力、资源提供力、专业投入力与人才培养力；另一方面，丰富精彩的教育教学实践给教师专业能力建设提供了广阔的舞台，在实践中生成的问题能够激发教师专业能力建设的内在需求，又能指导学校教育教学实践改革，引领学校高质量发展。学校要通过提升每一位教师的专业能力，来建设学校多样化特色课程体系，掌握启发式、互动式教学方法，开展探究式、合作式学习，提高课堂教学的效果、教学质量和育人水平。

四、教师业务能力建设的内容和方法

教师作为一种专业性很强的职业，需要具有专门的理念、知识、能力。中共中央、国务院印发的《关于全面深化新时代教师队伍建设改革的意见》和教育部等部门印发的《中小学教师专业标准》《中小学教师培训课程指导标准》《教师教育振兴行动计划（2018—2022年）》《新时代基础教育强师计划》等系列文件为教师专业能力建设指明了方向。学校要科学制定教师专业发展规划，从扎实的教育专业知识和学科知识功底、过硬的教育教学能力、科学有效的教学方法、深度的信息技术融合等方面构建教师专业能力建设框架，积极探索终身学习、教学实践、科学研究等教师专业能力建设实施路径，为每位教师提供适合的专业发展平台，大力提高教师专业素养和专业能力，打造能够适应新时代发展需要的优质教师队伍。

（一）基于现状绘蓝图

教师专业能力建设不能好高骛远、照抄照搬，也不能无所作为、迷失方向。学校只有对学校、教师、教学发展现状有科学、清晰、准确的把握才能描画组合出教师专业能力建设的方向和蓝图。

1.学校要把握学校发展现状。教师的专业能力建设需要外部环境的支持，对学校现状科学、准确的分析是学校教师专业能力建设最基础的"建筑蓝图"，有了这个"蓝图"才能找准教师专业能力建设着力的方向。学校要进一步明确办学理念、育人目标、办学定位、价值追求、校训、校风、教风、学风等文化内涵，摸清学校干部、教研队伍、教师结构、生源状况、教学质量、社会满意度等主要问题，评估学校办学条件、信息技术水平、管理体制、人事制度、评价分配方案等核心要素，然后按照现代化学校建设的要求，传承经验、吸纳新知、矫正偏差，重构学校文化体系，不断优化学校管理，建立与学校现状、基础相适应的教师专业建设方案。

2.学校要把握教师发展现状。不同成长阶段教师面临的专业发展障碍存在一定的差异性，按照马斯洛需要层次理论，人的一系列需求按优先次序呈现由低到高阶梯式层次，一般只有较低层次的需求得到满足后，较高层次的需求才出现。学校要对全体教师的不同"当下状态"进行多角度的专业描述，包括年龄职称、教学成效、科研水平、个人愿景等，在此基础上，仔细分析学校整体师资结构和教师从业状态。有的学校骨干教师偏少，入职不久的年轻教师居多；有的学校主动以教研优化教育教学者少，停留于苦干升学率层面者多；有的学校教师缺乏职业追求，职业倦怠的多；等等。学校要找准教师队伍业务能力建设需要弥补的短板，根据教师不同当下状态，精准制定不同岗位、不同发展阶段、不同年龄阶段教师专业能力的建设"路线图"。

3.学校要把握教学发展现状。新时代以新课程、新课标、新教材、新考试为主线的基础教育改革，对教学提出了更高的要求。学校要通过备课、听课、案例分析、课堂诊断、教学效果评估等方法，分析教师教学理念、教学方法、教学内容、教学手段的现状和存在的问题。不同发展阶段的学校教学存在的问题是不一样的，有的是教学理念落后，教学停留在唯分数、唯考题、唯知识阶段，缺乏关注学生发展、以学定教、素养本位、能力培养等意识；有的集体备课不深入、浅尝辄止，对新课标、新教材、新课程研究不够，缺乏大单元、结构化备课能力；有的是教学方式落后，仍然是满堂灌、照本宣科的单向讲授，没有真正采用启发式、互动式教学方法，没有指导学生进行自主、合作、探究、项目式学习；等等。学校要针对教学现状和存在的问题，制定教育理念、教育知识、教学方法、课程教学内容等方面的教师专业能力建设"施工图"，打开教师视野、夯实教师知识结构、改变教学方法、加强信息技术与课程教学应用融合能力，提升教师专业能力与教学适应匹配度。

（二）终身学习强基础

教师的专业成长需要经验的积累，更需要终身学习、实践反思和自我完善、自我锤炼、自我教育。教师要牢固树立终身学习理念，始终怀有学习热情和求知欲望，甘当小学生，不仅要学习学科知识，更要加强学习育人知识，不断丰富自己的思想，提高理论水平和认知能力，以适应教育工作的要求。

1.专业阅读。专业阅读是一个教师持续成长的保证，是教师专业能力建设的基础。阅读包括教育学、心理学等方面的通识理论，本学科课标、教材、课程等方面的专业知识，信息技术、教学方法、学习方法等方面的必备技能，是专业发展必备的起点。学校要建设自己的教师阅读书目库，给教师购买或配备教育哲学类、学科本体类、专业期刊类等书籍或杂志，组织全校教师进行阅读，进行研讨交流，并提交联系自身教育教学实际的心得文章。学校要对老师个人长远需求和当下需求进行调研和分析，关注国内外研究动态，及时汇编"教师专业能力建设资料"，拓宽教师学术视野提升专业宽度，丰富教师知识结构提升教学深度，追踪时代发展提升育人高度，学习最新成果提升教学的温度。

2.专家引领。专家引领是教师在职学习的重要途径，是教师专业能力建设的"点睛之笔"。学校要针对教师在教育教学实践中存在的困惑或问题，组织教师"走出去"，通过挂职锻炼、高端研修、学术交流，获得教育科学最前沿成果的支持，不断提升教师的理论水平，拓展教师的专业视野，助力教师向更高层次发展。组织专家"走进来"，通过开讲座、做报告、办论坛，营造校园浓厚的学术氛围，厚植教师专业能力建设的智力支持。组织研究者"沉下来"，和学校教师结对，长期跟踪、指导教师课堂教学、课程开发、课题研究、质量提升等各项工作，全面提升教师专业能力。

3.泛在学习。人工智能、大数据、5G 等新技术是影响当前发展、引领未来变革的战略性技术，正在渗入人们社会经济生活的方方面面，也给教师终身学习提供了新路径和新模式。教师要主动适应信息化、人工智能等新技术变革，积极有效开展学习。学校要充分利用的"微信""微博""学校研修平台"等手段，及时推送学习资源、开展线上交流研讨，形成即时即地便捷学习效应。学校要根据教学需求，购买线上学习、教研资源，丰富资源供给，打通教师学习的源头活水。学校要鼓励老师参与网络教研、线上学习，构建线上与线下结合、规定动作与自选动作结合、理论学习与课堂实操结合的混合式学习方式，促进教师终身学习和专业发展。

（三）科学研究引方向

科学研究能力是教师专业能力中重要的一项能力，能帮助教师深化对教育教学行为的认识，发现并解决教育实践中发生的问题。学校要以科学研究为抓手，解决好理论与实践结合、科研与教研结合、课题与课堂结合、研究与行动结合问题，引领教师专业能力建设。

1.以问题为导向促发课题形成。课题体现的是一段时间内学校的教学科研的主要方向、需要解决的重难点问题。能否发现教育教学过程中存在的困惑并提出问题，是教师学习能力、思考能力、研究能力、反思能力的集中体现，是促使问题解决的高效途径。学校要鼓励进而规定老师问题课题化，定期筛选老师教育教学中的困惑点，指导教师重点思考、提炼一个问题展开研究，形成校级课题，进而对接区级市级课题。对困惑点入选的老师进行奖励，以激发教师的问题意识。

2. 全员参与开展课题研究。在确定课题后，学校要进行全员化研究。学校总课题统领阶段性科研主题，教研组要承担子课题，教研组每个成员都应开发承领相应的研究任务，形成层层分解、人人参与的科研氛围。在学校研究基础上鼓励教研组、优秀教师个人积极申请上级课题，承担或主持省、市、区级规划课题，在研究中积累资料、提炼经验，撰写案例分析、教育叙事，发表论文、申请成果，不断深化科研工作。学校要定期跟进课题研究进展情况，了解实施状况，解决实际问题，做好成果的总结表彰与推广应用。

3. 搭建平台推广课题成果。学校发挥资源优势，经常性开展学校层面的学术讲座和培训，还要经常组织开展面向区域的学术讲座、论坛、成果发布等活动，将有影响、有价值的科研成果辐射区域乃至全国，贡献解决重点、难点、热点问题的学校方案。学校要发挥校报、校刊和微信等自媒体的力量，不定期以专题的形式，展示交流教师的科研进展、阶段性成果，促进学校的教科研发展。学校要以开放的心态，扩大研究力量和研究范围，和兄弟校一道搜集、整理近、中、远期的教研热点问题，形成近、中、远期的科学研究计划，有效地促进各校发展。

（四）实践培养提质量

站稳、站好讲台是教师专业能力建设之根本，帮助学生全面成长和学业进步是检验教师专业能力建设效果的"试金石"。故此，教师专业能力建设的主战场在课堂，教师专业能力生成在教学实践。学校要积极构建基于教学实践的教师专业能力建设的培养内容和路径，注重理论知识与实践问题的有机融合，更加突出实践性，增加教师专业能力与教学实际的契合性和融合度，促使教师由传统的知识传授者向学习者、研究者、组织者、引导者、促进者、催化者、实践者、开发者转变。

1."菜单式"定制补营养。工作时间不同、发展阶段不同、知识结构不同的教师，发展定位不一样，成长要求不一样，培养需求也不一样。学校根据教师个人成长规划和个性化需求，实行菜单式定制培养模式。在对全校老师长远需求和当下需求进行调研和分析基础上，及时印发最新的教师专业能力建设资料，并有针对性组织报告会、头脑风暴、专家面对面，就高质量教学、全面育人、教学方法、科学研究、教育叙事、课堂观察、学生评价、信息技术和教学融合、深度学习、大单元教学等内容进行专项学习和培训，为每位教师提供适合的专业能力进阶平台。学校要及时编印教师成长个案集，树立育人、教学、教研等方面榜样，分享成功的经验和失败的教训，讲好本校的教育故事。

2."实战化"比武赛水平。学校要从实际出发，围绕高质量教学体系，抓好教学案一体化教学设计、混合教学模式、学习社区建设，开展全体教师参加的教学设计大赛、课堂教学大赛课、骨干教师展示课大赛、青年教师研究课大赛、作业展示大赛、教学基本功大赛、班主任基本功大赛等，搭建教师成长的平台。比赛分三个阶段进行，第一阶段在教研组内进行，要求人人参加，人人是评委，推选出本组优秀教师；第二阶段在学校层面进行，各教研组推选出来的代表，在全校参加比赛，聘请校外专业评委参加，要求教师进行观摩；第三阶段要对赛出的优秀教师进行表彰和展示，对存在不足的教师进行分析、跟踪、改进。同时，要求教师上课后能提供系列化、成果化资料，既为了促进教师主动反思、主动发展，也可以为学校积累大量第一手教研资料。

3.“常态化”培养成链条。学校制定操作性强的教师专业能力培养的系列活动，形成“教学案一体化教学设计”“混合教学模式课堂实录”“案例反思”“同行点评”“课堂录像”“论文总结”等培养链条，把教师专业能力培养功夫下在平时、下在日常。“教学案一体化教学设计”是预设，是回答好“想教什么”，这是教师专业能力的起点；“混合教学模式课堂实录”是生成，是回答好“实际教了什么”，这是教师教学能力的检验；“案例反思”是思考，是回答“教得怎么样”，弄清预设与生成的落差，这是教师专业能力改进的依据；“论文总结”是升华，是回答好“教的规律是什么”，找到教学的规律，解决好理论和实践结合问题，这是教师专业能力提升的关键；“同行点评”是改进，是回答“有没有更好的方法教”，通过同行帮助解决好教学差距问题，这是教师专业能力发展方向；“课堂录像”是成长，解决好“我的不足在哪里”，通过观看自己的课堂录像，帮助教师进行自我修改完善，这是教师专业能力建设的内在动力。

（五）“精准化”研修提质量

教师专业能力建设之要在于精准，精准之要在于分层、分类。教师专业能力建设要围绕不同层次、不同岗位教师发展需求，按照“三层”“四类”开展研修活动，为教师专业能力发展提供高适合、好用、管用的建设平台。

1."三层"专业研修。不同年龄层级教师对教师专业能力建设有不同要求。"三层"研修主要根据参加工作时间设置三个层次的研修班，确定不同研修内容和研修目标。工作五年以下的教师参加"青年班"研修，主要解决"站稳讲台"的问题，至少完成"教学设计""课堂实录""案例反思"三个环节的深度研修和深度参与"专业阅读、课堂教学、案例叙事、网络教研"四个方面的深度研修，研修期满，能成为校级骨干。参加工作五年以上的教师要参加"研修班"，要深度参与"论文总结""同行点评""课堂录像"，重点解决教育教学实际问题，形成成熟、先进的教育教学经验和理念，能在全校教育教学领域发挥示范、引领作用，研修期满能成为"区（市）级骨干"。工作十年以上的教师参加"高级研修班"，支持教师创新教育思想、教育模式、教育方法，形成教学特色和办学风格，深度参与并承担指导青年班、研修班成员的专业能力建设任务，研修期满，在区域中有一定的学科影响力，能成为市（省）级骨干教师、教育专家、学科带头人、特级教师，成为全校教师专业成长之榜样。

2."四类"岗位研修。不同岗位教师对研修内容有不同要求。"四类"岗位研修主要根据教师岗位构建贴近岗位的通识性与专业性的研修体系。中层干部研修内容主要是课程建设能力、课程领导能力、文化领导力、课题研究示范引领能力、教学教育管理能力等方面，要求每学年至少就以上几个方面做1—2次汇报、讲座、培训。教研组长（备课组长）研修内容主要是教学设计、课堂教学方式、课程开发、学习方式、作业设计、教学质量、学生评价、课题研究、信息技术与学科融合等方面，要求每学年至少就以上两个方面做汇报、报告、讲座一次，主持或参与上级课题研究一项。班主任研修内容是围绕学生德育、学生教育、学生学习、学生素质、班级管理、文化建设、家校协同、学生评价等方面，每学年至少提供1—2篇高质量的研修案例或论文。服务保障教师的研修内容主要针对工作性质和内容，开展党务工作、行政管理、教学管理、实验室管理、后勤管理、内控制度等方面研修，每学年至少提供一个服务保障案例。

五、教师业务能力建设的保障措施

（一）优化组织框架

确立党组织领导下的校长为教师专业能力建设第一负责人，成立学校教师专业能力建设指导委员会，构建超越行政科层的组织管理系统。主要负责决策教师专业能力建设重大事项，包括并不限于制定教师专业能力建设各项管理制度，丰富教师专业能力研修课程设置，强化学分管理、组织重大活动，开展对教师专业能力调研、评估、督导、考核，协调资金、资源投入等。

（二）建立落实机制

每学年学校教师专业能力建设指导委员会要指导教研组、备课组、教师个人分别制订计划，明确本学年教师专业能力建设的主要任务、奋斗目标，将学校总体任务具体化、细化，落到实处，学校要对教研组、备课组及时检查监督各项计划的落实。建立教师专业能力成长档案，建立课题、项目、论文、公开课等维度的"学术积分"制度，做好各种数据统计，将教师专业能力建设纳入教师考核和奖励之中。建立教师专业成长奖励方案，对在各种教师业务能力大赛、论文发表、课程建设、课堂研究、教师培养上取得较大成绩和突出贡献的教师要给予绩效奖励。

（三）强化督导评价

针对不同类型的教师业务能力建设内容，制定不同的评价标准。建立教师专业能力建设过程性评价和结果性评价相结合的考评机制，过程性评价主要体现为定时间、定地点、定人员、定专题和有计划、有设想、有主题、有过程、有记录、有成果；结果性评价主要体现为积分制的定量评价和科研年会主题汇报交流的定性评价。

（四）加强技术赋能

智能时代对教师、教育、教学提出了新的挑战，信息技术和教学的融合有助于教育教学创新、提升教师培养培训质量、提升教师教育教学业务能力。学校要着力提升教师信息化、数字化、智能化素养，帮助教师掌握并使用信息技术，创新教育手段、改变教学模式。推动教师应用智能助手，创新教学方式与学习方式，大力提升教师作业设计与点评能力，以人工智能助力教师减负。积极推进教师能力诊断测评系统开发与应用，利用大数据、云计算等技术，推进精准培训，开展教师智能研修。充分利用虚拟现实、增强现实和混合现实等技术，建设开发一批交互性、情境化的教师教学课程资源，精选学校混合教学中开发的优秀微课和课例资源，汇聚优质的教师数字化学习资源。利用国家精品在线开放课程，支持名师名课等优质资源共享，大力推进"双师课堂"改革，让更多教师通过信息化的方式共享优质教育教学资源。

第五节　加强教师队伍的组织管理

教师是教育的第一资源，是建设高质量教育体系、实施高质量教育的根本力量。当前，在国家大力支持下，教师数量、规模问题得到历史性解决，教师职业吸引力有所增强，教师队伍建设卓有成效。同时也应看到，学校教师管理是一项系统工程，教师队伍治理水平有待提高、管理体制机制不够顺畅、师德师风事件仍时有发生、教师职业倦怠依然存在、教师心理健康问题有待重视，教师负担过重和学生惩戒权等难点问题日益突出，这些问题需要我们有极大的勇气和智慧加以破解。学校要从规范教师行为、严明教师职业纪律、维护教师职业尊严、完善考核评价等方面加强教师管理，筑基提质，创造教师安心从教、潜心教学的环境。

一、规范教师职业行为

学校要依据国家相关规定，制定学校教师行为规范标准，明确底线和红线，严格规范教师职业行为，培养教师良好的职业习惯，开展常态化、经常性的教育、督导、检查，促使教师成为行为合格的教师。

（一）教师要遵纪守法

教师要模范遵守国家法律法规，带头执行教育教学相关要求和规定，严格遵守学校各项规章制度，严禁参与赌博、封建迷信、宗教等活动以及其他不符合教师身份的活动。坚守意识形态底线，在教育教学活动中不得有损害党中央权威、不得有违背党和国家路线、方针、政策的言行。服从组织工作安排，思想向上积极，履行岗位职责，确保工作质量。

（二）教师要尊重学生

教师要关心、爱护学生，要记住学生的姓名，了解学生的基本情况，与学生广泛接触，上课时让目光在每一位学生的脸上停留三秒钟，让学生感受到老师对自己的关注。要营造快乐、和谐的教学氛围，把轻松、愉快、活泼、热情贯穿到教与学的各个环节，使学校成为学生成长的乐园，使学习成为学生最快乐的事，将来成为一生中最美好的回忆。要信任、热爱学生，提高自己处理问题的能力，真诚相待，办事公道，在处理学生问题时如有偏差，应敢于承认错误。平等、公正地评价和对待学生，树立好自身形象，言而有信，一视同仁，善于倾听学生的观点，正确合理的建议应予以采纳，把学生的错误看成是给教师一个实现自我体验成功教育的机会，避免与学生公开争论，不让学生在大庭广众下丢脸，不能因少数学生违反纪律而责怪全班学生。学会包容、宽容学生，多注重过程性评价，不得公布学生的考试名次，不单纯以学生的学习成绩来评价学生优劣，不以成绩的优劣来给学生贴标签，不放弃任何一个学生，不要因学生一而再、再而三地重复犯同一个错误而恼怒，要敞开心扉悦纳每一个学生。善于表扬、赞扬学生，只要用心，总能找到他的优点，不得使用讽刺性、侮辱性、恐吓性、训斥性的语言，严禁体罚或变相体罚学生。

（三）教师要严谨治学

教师要善于学习，养成经常读书的习惯，不断充实自己、提升自己，丰富自己的内涵，特别是加强有关理论学习并在实践中大胆应用，认真钻研业务，争当教学能手，争当教改先锋，争做名师。要认真备课，熟悉授课内容，善于研究如何根据学生需要进行课堂教学，杜绝在教学中出现知识性错误，不得重复使用旧的教学案。要认真上课，合理安排课堂教学，讲课时思路清晰、明了，突出教学重点，教育学生会学比学会一道难题更重要。要提高作业质量，布置作业切勿想当然，要依据学生情况布置有针对性的作业，及时认真批改作业，评语要有激励性，对于学生作业中的错误，要及时督促其改正，并再次批阅，直到掌握为止，严禁布置罚抄多遍等惩罚性作业。要养成及时辅导学生的习惯，任课教师要利用课后服务时间或学科自习时间认真辅导学生，对于特困生还可以利用课余时间进行辅导。要坚持课堂为大，不得擅自停课、缺课或私自找人代课。教师因病、事假不能按时上课，要及时履行请假和调课手续。

（四）教师要善于协作

教师要强化角色意识，摆正自己的位置。坚决服从领导，但要敢于提出建设性的意见和建议。要团结协作，打好整体战，要顾全大局，不互相拆台，正确对待竞争，合作共赢。教师之间谦恭礼让、团结互助，见面能主动问好、互相学习、共同进步，发生矛盾时多做自我批评，主动与对方交换意见，不在背后议论其他同事，维护其他教师在学生中的威信。要维护学校声誉，不做有损学校形象的事，不说不利学校荣誉的话。落实好首问责任制，对到学校办事的人员、家长要热情接待，周到服务，被问到的第一个人要问清缘由，对接相关部门和人员，负责到底，直到解决为止，不能搪塞了事，一问三不知。

（五）教师要尊重家长

树立为学生和家长服务意识，时刻让家长体会到学校的温暖。教师要加强与家长联系和沟通，鼓励教师在力所能及的情况下进行家访，反映孩子在校的表现情况、了解在家情况、听取家长意见和建议，取得支持与配合。在和学生家长沟通时，不得与家长发生冲突或使用不负责任的、告状式的语言，不得训斥、指责学生家长。家长到校要热情接待，要让座、沏茶，鼓励因表扬学生而请家长到校。利用和家长沟通的一切机会，积极宣传科学的教育思想和方法以及学校的办学理念，促进学校教育、家庭教育和社会教育的有机结合。定期进行家长问卷调查，及时听取家长心声，整改教育教学中存在的不足，对于学生及家长不满意的教师要帮助其进行分析和及时改正，不允许要求家长去完成本该由自己做的教学任务。

（六）教师要洁身自好

廉洁从教，杜绝任何与教学、学生有关的商业行为，不从事有偿家教，不在校外培训机构兼职、不办有偿补习班，不得乱征乱订教辅资料、报纸杂志等。发扬奉献精神，坚守高尚情操，珍惜自己的工作岗位，要真诚热爱学校、热爱事业，守住自己心灵的一块净土。不准要求学生家长为自己或亲友办私事，严禁向学生、家长索要或变相索要财物，不收受家长馈赠。

（七）教师要注重小节

教师要模范遵守社会公德，语言规范、健康、文明，不说没有根据的话，不言过其实、夸大其词，不造谣、不信谣、不传谣。教师要讲普通话，写规范字，行为举止要礼貌，衣着得体，佩戴校徽，体现教师职业特点。改掉不良习惯，不随地吐痰，工作日不饮酒，不在学校吸烟，不穿奇装异服，不浓妆艳抹，不穿拖鞋、背心进课堂。上课时不携带手机，无特殊情况不坐着讲课。上班时间不上网聊天、玩游戏、打扑克、打球等从事与教学无关的活动。树立环保意识，见到垃圾及时清理，爱护一草一木，时刻不忘做学生的表率。学会控制自己的情绪，遇到棘手的事情学会冷处理；学会幽默、学会微笑，把快乐传递给身边的每一位同事和学生。

（八）教师要爱生减负

教师不得让学生替自己判卷或从事其他应由教师完成的工作，对学生力所能及的帮忙要大声言谢。班主任不得占用学生上课时间让学生做值日、搞卫生，如果在上课时间不得不调用学生或进行教育活动时，要和任课教师提前沟通好。教师要坚持提前一分钟在教室外候课，禁止拖堂，下课铃响，任课教师应及时下课，避免占用学生课间时间。任课教师在眼保健操时间负责监督学生做操，不得讲课或辅导。严禁节假日私自补课，增加学生学习负担。公共自习时间不得讲课，不得进行集体辅导，可以有针对性进行答疑解惑、个别辅导。严格控制作业量。一二年级不留书面家庭作业，三至六年级作业时间不应超过 60 分钟，七至九年级作业时间不应超过 90 分钟。严格执行作息时间，不得要求学生在非到校时间进入学校，对于个别学困生要单独课后辅导时，应征得学生和家长同意才可进行。

二、严明教师职业纪律

教育无小事，教师无小节。教师是国家公职人员，在履行立德树人、教书育人职责中要严格遵守国家相关法律法规和学校各项纪律。学校也要依据《教育法》《教师法》《义务教育法》《未成年人保护法》《事业单位工作人员处分暂行规定》和教育部颁布的《新时代中小学教师职业行为十项准则》《中小学教师违反职业道德行为处理办法（2018 年修订）》等相关法律法规、政策文件规定，对情节、程度、后果没有达到违法程度的教师职业行为，制定教师职业行为管理实施细则和处理办法，做到要求明确、处理有据，建立纪律约束和教师自律相结合的教师管理办法，提升教师队伍整体水平。

（一）严明教师职业纪律的目的

教师职业纪律指教职员工在教育教学管理及活动中，必须遵守的职业道德和职业行为，因本人主观过错或过失有违背国家有关法律、法规、政策及学校有关规章制度的教育教学语言、行为，并影响学校正常教学秩序和教学质量，应承担相应责任，接受相应处罚。严明的教师职业纪律是对教师的保护，也是对教师的监督，有利于扬清风树正气，培育提升广大教师的专业能力与专业自觉；有利于更好地贯彻教育方针，实施素质教育，深入推进基础教育课程改革；有利于健全并规范教育教学管理制度，进一步规范教师的教育教学行为，预防并及时、有效、妥善地处理各类教师违规违纪行为和教学事故，维护正常教学秩序；有利于建设良好的校风、教风和学风，全面提升教学质量。

（二）违反教师职业纪律处理的原则

在教师教育教学工作中会因各种原因产生违反教师职业规范的行为，有的是由于粗心大意、水平不高、经验不足而导致的失误、失当、差错，没有主观故意，情节轻微，后果不严重；有的是未能履行教育教学职务要求、未能遵守学校规章制度而导致的失职、过失、错误，主观上对工作不负责任，客观上造成工作受到影响；有的是违反法律法规和规定，利用教师职务之便谋取私利或滥用职权、玩忽职守，主观上有故意、客观上造成重大过错的渎职、违法行为。不同行为因其错误性质、程度不同、产生后果不同，应被区别对待，处罚亦不同，有的需要通过批评、教育、提醒加以解决，有的需要受到纪律处分，有的要追究法律责任。在对教师违反职业行为进行处理时要充分考虑教师行为的动机、环境、后果等因素，对照以下原则进行处理。

1.坚持错罚相当的原则。对教师违反职业行为进行处罚时，既要维护教师的合法利益和合理权威，又要保护教师的工作积极性，确保正常的教学秩序。应当根据其违反职业道德行为的性质、情节、危害程度，定性准确、轻重适宜、处理恰当，避免过重惩罚。学校不能把教师轻微过失行为作为严重失职、渎职行为从重处理，挫伤教师的工作积极性；也不能对教师中长期存在的对工作不负责任、不能履行职责、放弃职责、未尽职责、擅离职守给教育教学工作造成损失的现象熟视无睹，更不能对体罚和变相体罚学生、品行不端、侮辱学生、以权谋私、影响恶劣的严重的违法违纪行为放任不管。

2. 坚持程序规范的原则。对教师职业失范行为的处理不能随意，要建立客观、公正、公开的程序，保证处理结果的公平。要明确调查程序、处理步骤、政策依据、操作流程、实施主体等要素，充分听取相关教师或利害关系人的意见，保证其辩护的权利，必要时可以举行听证会。教师对处理结果不服的，可以向学校主管教育部门申请复核，对复核结果不服的，可以向学校主管教育部门的上一级行政部门提出申诉。

3. 坚持严管和厚爱相结合的原则。惩罚处分教师并不是目的，而是为了提醒、约束、改进教师职业行为。现在学校大多都划定"职业红线"，对职业失范行为采取"一票否决""零容忍"态度，一旦出现教师职业失范行为，学校既不能包庇、偏袒教师，采取"宽严失据""息事宁人"的做法；也不能以维护学校整体利益的名义或为了平息舆论、安抚家长而采取"杀一儆百""丢卒保车"的做法，严重损害教师个人合法权益，必须坚持以事实为依据，以法律法规和学校规章制度为标准，建立有效激励与价值引导的事先预防与事后处罚相结合的机制。

4. 坚持维护学生合法利益的原则。中小学生是未成年人，其合法权利受国家法律保护。教育要产生效果，就要维护教师合法教育教学权利，否则教育就不可能发生。学校要依法明确支持教师的惩戒权，划定适度惩戒与体罚之间的区别，明确制定教师适度惩罚的权限、程序、合理方式，反对教师滥用惩罚。同时，必须严格要求教师依法执教，建立完善的学生申诉程序、学生权利保护机制，尊重学生人格、保护学生隐私、不侵犯学生权益。

5. 坚持教师参与的原则。教师不仅是职业失范行为的处罚对象，更是职业行为规范的主体力量。学校在制定职业纪律时，要动员广大教师通过教代会、学术或群团组织等多种形式协商、对话、直接参与、共同制定本校的职业行为标准，由家长代表、社会代表和占多数的教师代表共同组成教师职业行为自律委员会，依法制定违反职业行为的处理程序，据此民主处理职业失范问题。

（三）教师职业失范行为分类

教师职业失范行为是指学校教学管理部门、管理人员或教师由于失误、失职、失当，导致正常教育教学秩序、教学进程、教学考核与评价、教学质量等受到不良影响，产生消极后果的行为。根据行为发生的性质、情节和后果，分为一般、较大、严重三个级别，并承担相应的纪律责任。

1. 一般失范行为。教师擅离课堂、上课迟到、提前下课或拖堂的；不按学校课程安排上课，教学进度与教学计划不符的；未经学校职能部门批准，随意调换课程、增减课时的；未做到按照规定布置作业、辅导答疑、批改作业，导致教学效果差、教学质量低的；任课教师上课时衣冠不整，影响教师形象的；体育教师、实验课教师、实验员等未按规定着装，不按实验规则组织教学的；监考迟到、早退、擅离职守或私自请人代监考的；不严格履行监考职责，在监考过程中做与监考无关的事情，如抽烟、闲聊、看书报等；监考人员责任心不强，导致考场纪律松懈，发现学生作弊未及时纠正、处理的；监考时以各种方式要求学生提前交卷，试卷分装有误的；不按要求阅卷、评分、报送成绩，批阅试卷不认真，出现差错的；等等。

2. 较大失范行为。教学内容出现知识性错误的；组织课堂教学不力致使课堂教学秩序混乱的；教师不备课上课，上课无教学一体化方案的；无故不按时参加、完成或不接受学校及上级部门布置的教学研究工作的；监考中对学生答题进行暗示、提示的；因命题、制卷中的人为原因，造成考试时试卷短缺或考试时间延误的；考试试题有严重错误未能事先发现，影响考试正常进行，造成考试延误、中断或失效的；由于监考人员失误，造成考试结束后收回试卷数与参加考试人数不相符，漏收、遗失学生考卷的；未按评分标准评定成绩，在考试阅卷中有徇私舞弊行为的；等等。

3. 重大失范行为。在教学过程中散布违背党的路线方针政策、国家法律法规、带有封建迷信淫秽及其他思想内容不健康的，违背教书育人基本宗旨的言论的；品行不良，侮辱学生，影响恶劣的；未按规定办理有关手续，擅自停课、旷课、旷工的；教师在上课时间接打、使用手机等通信工具的；教师酒后上课、上课吸烟的；教学过程中遇到突发事件，不能及时妥善处理，造成事态恶性发展的；对学生有打、骂、侮辱等行为，体罚或变相体罚学生，以各种方式打击报复学生的；违反有关规定，要求学生统一购买教材教辅材料的；组织或变相组织、直接或间接参与违规办班、补课、校外培训的；歧视后进生，随意拒绝后进生上课，将其赶出教室或学校，不给后进生批改作业，或胁迫其不能正常参加考试的；因未履行工作职责，造成所任教班级纪律混乱，致使出现打架斗殴、聚众闹事等恶性事件的；学生旷课逃学，教师没有发现或未能及时向班主任教师通报，因处置措施不力造成严重后果的；使用有毒、有害物质制作教具的；在教学活动中，因教学指导和管理不当造成重大财产损失或使学生及其他人员受到伤害的；监考教师无故缺考的；以各种方式泄露或变相泄露试题和考试内容的；试卷在印刷、传送、保管过程中泄密的；对学生考试违纪行为不制止、不上报，放纵考生舞弊的；对突发事件处置不当，导致考场秩序混乱的；违反规定，私自更改学生考试成绩或等级的；因人为原因，延误考试的通知和报名工作，导致学生无法正常参加考试或考试成绩无效的；等等。

（四）教师职业失范行为的认定和处理

1.认定程序。学校督导检查发现或由当事人、知情人发现后应向学校职能部门或教师职业行为自律委员会报告，相关部门做好记录，经集体研究需要进行调查、核实、处理的，应以书面形式通知当事人所在部门；当事人所在部门负责调查、取证、核实，按一事一表的方式填写《教师职业失范行为处理意见表》，对失范行为事实和处理级别提出初步认定与处理意见，送交学校职能部门。一般失范行为可由职能部门认定；较大失范行为可由分管领导认定；重大失范行为须由教师职业行为自律委员会认定。

2.处理程序。一般失范行为应由当事人所在部门提出处理意见，报分管领导，原则上应在事发当天处理完毕并书面通知当事人；较大失范行为由职能部门提出处理意见，分管领导作出处理决定并报校委会，原则上应在事发后两天内处理完毕并书面通知当事人；重大失范行为由教师职业行为自律委员会提出处理意见，原则上应在事发后三天内处理完毕并书面通知当事人。职能部门负责将处理决定通知当事人及所在部门，督促执行处理决定。处理意见与决定应有书面记录，各有关部门和人员应如实填写《教师职业失范行为处理意见表》，一式两份，职能部门存档一份、事故责任人一份。在进行调查、处理的同时，应充分听取当事教师意见，保证结果的客观公正，实事求是。在处理的同时，应迅速采取补救措施，尽可能降低失范行为影响的程度和范围。当事人若对失范行为认定和处理有不同意见，可在接到《教师职业失范行为处理意见表》之日起两周内，向学校行政办公室提出复议，行政办公室负责人组织相关部门联合复查，最终报学校领导小组裁定，必要时可以组织听证会。当事人若还有异议，可以按照程序向教育行政部门提出复核或申诉。

3. 纪律处理。教师职业失范行为视事故级别和情节轻重，给予当事人相应处理。一般失范行为给予责任人通报批评，诫勉谈话；较大失范行为给予责任人警告、严重警告处分；重大失范行为给予责任人记过以上处分；开除处分应根据教育行政部门规定进行。造成经济损失的，依据有关规定，要求责任人承担相应的经济赔偿责任。教师职业失范行为作为对教职员工考核奖惩、职务评聘、晋职加薪等方面重要的参考依据。

三、营造良好的教师教书育人环境

近年来，对准广大教师存在的急、难、愁、盼的问题，党中央、国务院和教育部出台了一系列关于加强教师队伍建设的重要文件，教师教书育人环境得到极大改善，但是，办学环境与实际发展需要仍存在一定差距。当前，学校要重点做好减轻教师过重的职业负担、加强心理健康建设、维护教师职业尊严三方面工作，让广大教师在岗位上有幸福感，在事业上有成就感，在社会上有荣誉感，不断优化广大教师安心从教、热心从教、舒心从教、静心从教的环境。

（一）切实减轻教师过重负担

中小学教师过重的额外工作负担占用教师大量时间、耗费大量精力，影响了学校正常的教育教学秩序。2019 年 12 月中共中央、国务院印发了《关于减轻中小学教师负担　进一步营造教育教学良好环境的若干意见》，明确要求清理规范影响中小学教育教学活动的各项工作，特别是与教育教学无关的事项，切实减少名目多、频率高的各种督查、检查、评比、考核等事项，减少交叉重复、布置随意的各类调研、统计、信息采集等活动；减少向学校和教师摊派的安全稳定、扫黑除恶、创优评先等工作。学校要进一步厘清教师工作时间、工作内容、工作责任、职责权利的边界，对各部门布置的工作任务应先进行甄别、筛选过滤，减少各种非教育教学工作对教师不必要的干扰，营造良好的教育教学环境，让教师潜心教书、静心育人，让他们将更多的时间和精力投入到教学科研中。家长和社会应该认识到教育好孩子是学校、家庭、社会共同的责任，学生出现的问题不能全部的、无限地由学校和教师负责，这既不合法，也不合理，教育不是"万能的"，教师也不是"神仙"，家长和社会也应该承担其相应的责任，共同努力，才能培养好学生。

（二）加强教师心理健康建设

教师要面对性格迥异的学生、千差万别的家长和复杂繁重的教育教学任务，既需要爱心，也需要耐心；既需要热情，也需要能力；既需要智慧，也需要毅力；既需要脑力，也需要体力，可以说，没有任何一个职业像教师一样需要投入这么多、要求这么高。刚入职的教师常常满怀一腔热情，工作几年之后，因工作压力大、师生关系紧张、工作繁重、教育失败、和家长沟通不畅等原因，导致其疲惫、焦虑、无助、紧张等不良情绪，长此以往，就会出现职业倦怠、焦虑、抑郁等亚健康甚至不健康的状态，不但阻碍教师职业生涯的发展，也会影响到学生的健康成长。学校要给教师创设良好的工作环境，营造轻松愉悦的教学氛围，建立融洽的师生关系，让更多老师从工作中获得幸福感，提升职业获得感；要加大人文关怀力度，尊重、信任教师，多谈心沟通、多为教师排忧解难，切实减轻教师心理负担；鼓励学校安排一线教师特别是长期从教教师进行疗休养，调适心理，缓解教师压力；要改变唯分数、唯成绩、唯升学的错误观念，建立科学、公平、友好的考核评价标准，减少对学校非教育教学任务的考核，让老师可以把更多的精力放在教育教学工作上。组织教师开展相关的心理培训和心理团建活动，为教师提供心理援助的服务，提升教师阳光、积极、健康的心理状态。

（三）维护教师职业尊严

教师职业神圣，尊严不可侵害。学校要维护教师依法执教的职业权利，依法保障教师履行教育职责，对无过错但客观上造成学生意外伤害的，教师依法不承担责任。对发生学生、家长及其亲属等因为教师合法履职行为而对教师进行侮辱、谩骂、肢体侵害，或者通过网络对教师进行诽谤、恶意炒作等行为，学校要态度鲜明，坚决维护教师的合法权益。

1. 解决好教师惩戒权的问题。教育惩戒是教师履行教育教学职责的必要手段和法定职权，关系到学校全面贯彻党的教育方针、落实立德树人根本任务的大战略，关系到维护师道尊严和营造良好教育生态的大问题。长期以来，由于规定不严密、不规范甚至缺失，影响了教师正确行使教育惩戒权，有的对学生"不愿管、不敢管"，有的"不善管，不当管"，有的过度惩戒甚至体罚学生，有的家长对教师批评教育学生不理解造成家校矛盾。2019年6月，中共中央、国务院印发《关于深化教育教学改革 全面提高义务教育质量的实施意见》，提出制定实施细则，明确教师教育惩戒权。2021年3月1日实施的《中小学教师实施教育惩戒规则（试行）》明确了教育惩戒的实施条件、程序、范围、限度等内容，对教师惩戒权进行规范和明确。学校要根据上级规定细化实施方案，既依法依规保护教师教育权利，妥善处理涉及学校和教师的矛盾纠纷，又维护教师合法权益，促进广大教师对学生既热情关心又严格管理要求。

2. 解决好"校闹"的问题。习近平总书记在全国教育大会上强调，各级党委和政府要为学校办学安全托底，解决学校后顾之忧，维护老师和学校应有的尊严。实践中，学校安全事故、家校纠纷等引发的"校闹"问题已成为教育管理和学校办学过程中的难点痛点问题，学校承担了不应当承担的责任和压力，导致一些学校不敢正常开展体育教学、课外活动，干扰了素质教育的实施。2019年8月教育部等五部门印发《关于完善安全事故处理机制 维护学校教育教学秩序的意见》，针对侵害学校、师生合法权益，挑战法律底线，影响社会稳定的"校闹"事件，进一步完善了预防和处置的体制机制、纠纷化解机制、风险分担机制和依法打击"校闹"处置机制。学校要建立安全事故处理委员会、法律顾问、人民调解委员会、法律援助诉讼等制度，建立政府、社会、市场、家庭共同参与的校方责任险、校方无过失责任险、学校安全综合险，学校安全风险基金、学校安全赔偿准备基金或者学生救助基金等机制，及时化解和处置家校矛盾和纠纷，依法处置破坏法治底线的"校闹"行为，为教师创造良好的教书育人环境。

3.厚植尊师重教文化。教育具有公共属性，公办中小学教师是国家公职人员，要强化教师国家责任、政治责任、社会责任和教育责任。学校要充分发挥教师"主人翁"的主体地位，落实教师对学校重大事项的知情权、参与权、表达权、监督权，保障教师参与学校决策的民主权利。建立教师荣誉表彰制度，开展选拔教书育人楷模、模范教师、优秀教师、骨干教师、学科带头人、名师、专家等工作，对在教学、育人、科研等方面表现突出、做出重大贡献、享有崇高声誉的教师进行表彰奖励，及时宣传这些教师先进事迹，激发广大教师呕心沥血、无私奉献教育事业，引领教师在祖国最需要的地方书写精彩人生。大力弘扬中华民族尊师重教、崇智尚学的优良传统，利用教师节等节庆日开展尊师重教宣传活动，将尊师重教观念渗透进学生日常教育的价值体系中，旨让全社会广泛了解教师工作的重要性和特殊性，营造尊师重教的良好社会风尚。

四、完善教师考核评价

我们现在对教师的评价主要采用的是终结性评价的方法，终结性评价是建立在已有结果的基础上进行的，更多地关注结果，很少关注教师的成长，而一个教师的成长是需要一个过程的。学校要进一步完善教师考核评价办法，纠正"唯升学率""唯成绩"等片面的评价办法，把终结性评价和发展性评价结合起来，建立符合学校实际和教师岗位特点的考核评价指标体系，突出教育教学过程和实绩，促使教师更清楚地认识自己的行为动机、行为程序、行为结果，明确自己的努力方向，引导教师潜心教书育人，促进教师更好的发展。

（一）组织领导

考核评价对教师工作具有评价、激励、引导、改进等重要作用，客观、公正、科学的考核评价能激发教师的工作活力、调动广大教职工的工作积极性，改进教育教学工作，引导教师不断提高素质能力，促进学校教育事业全面、持续、快速发展。为加强对考核工作的领导，推进考核工作顺利进行，学校要成立以党组织领导的考核领导小组，党组织负责人和校长担任组长，下设考核工作办公室，办公室设在党（政）办公室，考核工作由学校党政办公室或督导评价中心具体组织实施。

（二）指导思想

以习近平新时代中国特色社会主义思想为指导，深入贯彻中共中央、国务院《深化新时代教育评价改革总体方案》、教育部等部门印发的《义务教育质量指南》《普通高中办学质量评价指南》等相关文件精神，全面贯彻党的教育方针，落实立德树人的根本任务，以服务和促进学校高质量发展为目标，以提高教职工队伍素质为核心，以促进教职工绩效为导向，着力构建符合教育教学和教师成长规律、导向明确、标准科学、体系完善的教职工考核评价制度和长效竞争激励机制，促进广大教职工履行好教书育人神圣职责，为办好人民满意的教育贡献智慧和力量。

（三）基本原则

1. 实事求是，客观公正。考核工作要坚持公平、公正、公开，每月一汇总，每月一公布；考核内容要全面具体，考核办法要科学合理，考核程序要民主公开，充分体现考核的全面性、客观性和公正性。

2. 尊重规律，以人为本。尊重教育规律，尊重教师的主体地位，充分体现教师教书育人工作的专业性、实践性、长期性等特点。

3. 以德为先，注重实绩。完善绩效考核内容，把师德放在首位，注重教职工履行岗位职责的实际表现和贡献。

4. 激励先进，促进发展。鼓励教职工全身心投入教育教学工作，引导教师不断提高自身素质和教育教学能力。

（四）考核程序

1.个人述评。教师写出工作总结，并在教研组（年级组）进行工作述职，接受同行评价，并填写《考核评价登记表》。

2.综合评价。教研组（年级组）要根据同行评议、学生评教、业务考核情况，结合平时工作，对教师的工作实绩、德能素质写出评语，确定考核等次意见，上报考核办公室。

3.接受监督。考核领导小组将教师考核结果在本单位进行公示，接受教师监督，听取教师意见。

4.反馈改进。考核领导小组将考核结果反馈教师本人，并由本人签署意见。教师对考核结果有异议并提出复核的，由考核领导小组进行复核，对考核结果不服又不申请复核、拒不签署意见的，考核领导小组在《考核评价登记表》内作出说明，考核结果有效。对考核中存在不足的教师，要满腔热忱地帮助其查找原因，积极改进工作。

（五）考核内容

不兼课的学校行政管理人员、教学辅助人员和工勤人员，主要考核其遵守职业道德、履行岗位职责等方面情况，具体考核办法按照岗位说明书和本人确定工作目标，通过自评、互评、服务对象评，确定考核结果和档次。任课教师考核的内容主要是教职工履行《教育法》《教师法》《义务教育法》等法律法规规定的法定职责和学校规定的岗位职责、规章制度，以及完成工作任务等情况，主要包括师德师风、教育教学、教育教学效果等方面。考核采取等级赋分的量化评分的办法，分岗位和工作类别分别考核，具体等级赋分值可以由学校经教代会或全体教师讨论通过后实施，以下提供的考核内容的等级赋分办法可供参考。

1. 师德师风（20分）。采取教师自评、教师互评、学生评价和领导小组评价相结合的方式进行。考核采用百分考核，最后折算为20分。对考勤和教学秩序采用扣分制，本项目扣完为止，具体分值可以由学校统一制定，主要依据为考勤记录、日常督导检查、教师职业行为表现等过程资料，要每月进行一次公布，及时接受教师核查。

2. 教育教学（60分）。主要考核教师从事德育、教学、教学研究以及班主任工作等方面情况。分年级组考核和教研组考核两部分进行。

（1）年级组考核（30分）。由年级组根据对教师在教学及管理等方面的要求，对教师进行考核，每月公布一次。学期末根据年部教师人数，按30%、40%、30%的比例，分为A、B、C三档，分别记30分、26分、22分，考核方案由年级组制定并经本年级教师讨论公布后实施，若任教多个年级，取各年级该项的平均分。

（2）教研组考核（30分）。由教研组根据对教师在教学、教研等方面的要求，对教师进行考核，每月公布一次。学期末根据学科教师人数，按30%、40%、30%的比例，分为A、B、C三档，分别记30分、26分、22分，考核方案由教研组制定并经本组教师讨论公布后实施。

3. 教育教学效果（20分）。按50分进行考核，最后折算为

20分。

（1）日常教学效果（15分）。主要对每周、每月或单元、章节教学效果进行检测，通过知识竞赛、抽样调查、考试检测等方式，根据学生抽测情况，按任教班级学生各科成绩掌握率高低排名，分别记5分、3分、1分，学期末取各次抽测总分按30%、40%、30%的比例分别记15分、10分、5分，汇入教师考核。

（2）学期教学效果（35分）。学校要制定教学质量目标方案，结合期末区域统一组织的考试成绩，按照平均分、及格率、优秀率、优生数量、增值率等五项数据确定教师考核成绩，五项数据分别在本年级进行排名，按照班级总数的30%、40%、30%的比例分别记35分、30分、15分，最后取五项赋分的平均值作为教师学期教学效果得分。

4.加分项目。

（1）日常管理。学校兼课的管理人员根据学期末的工作述评和教师评议，按照总人数的30%、40%、30%的比例分别计入5分、4分、3分。年部根据班主任班级每月考核情况，分别记4分、3分、2分，年部根据对副班主任的工作安排，参考班级每月考核情况分别计入1.5分、1分、0.5分，班主任和副班主任学期末取各月的平均分。若有兼职，可累计计算。

（2）值班。参加值班的教师按次数多少，每次值班记0.2分，最后得分最多不超过5分，5分以下按实际得分计算。

（六）考核等次的确定和结果的使用

考核工作是学校教师管理工作的重要环节，用好考核结果，对于健全奖励约束机制、转变工作作风、提高工作效率具有重要作用。学校按照考核方案每学年对教师工作进行一次考核评价。

1.考核等次的确定。教师考核每月一公布、每学期一汇总，每学年在对两个学期考核结果进行平均的基础上，确定优秀、合格、基本合格、不合格四个等次。教学一线优秀人数比例一般在20%左右，管理人员人数比例一般在15%；因个人原因，工作任务（工作量）、出勤率达不到标准工作量70%者，考核等次一般不能定为合格及以上；受行政处分或因重大失误、重大事故对学校工作造成恶劣影响者，以及体罚学生、旷工、从事有偿家教、参与社会办班等有偿活动者，考核等次一般不能定为基本称职及以上。

2.考核结果的使用。考核结果要与学校人事制度、用人制度、绩效分配制度紧密挂钩，作为续聘、解聘、辞退、奖惩、调整职务、级别和绩效工资发放等的重要依据。

（1）人事管理使用。考核获得合格及以上等次的教师，可按上级规定正常增加晋升薪级工资，推荐参评上级荣誉的原则应从考核获得优秀等次的教师中产生，参评校级荣誉的原则应从考核获得合格及以上等次中产生；考核结果为基本合格等次的，不得正常增加薪级工资，原则上不得参加职称评聘、晋岗晋级，并对其提出批评教育，连续三年考核被确定为基本合格的，可予以解聘；考核结果为不合格等次的，不得正常增加薪级工资，不得参加职称评定、晋岗晋级，视情况可调整工作岗位或安排待岗培训，调整工作岗位后，其工资等待遇按新聘工作岗位重新确定。对无正当理由不服从组织安排的可予以解聘，连续两年考核确定为不合格等次的应予以解聘。

（2）奖励性绩效工资使用。考核结果作为教师奖励性绩效工资发放的重要依据。学校奖励性绩效工资除政策性津补贴发放完毕后，剩余部分计算出平均数。考核优秀的教师发放奖励性绩效平均数的150%，合格的教师发放奖励性绩效平均数的100%，基本合格的教师发放奖励性绩效平均数的70%，不合格的教师最多发放奖励性绩效平均工资的50%。

时代越是向前，教师的地位和作用就越发凸显。长期以来，广大教师贯彻党的教育方针，坚持立德树人、教育报国，为国家发展、民族复兴、人民幸福做出了重要贡献。学校要牢固树立教师是教育发展的第一资源的理念，不断深化现代化教师队伍管理，全面提升教师思想政治素质、师德师风、专业能力水平，以现代化教师队伍支撑学校高质量发展，为建设社会主义现代化强国，实现中华民族伟大复兴和办好人民满意的教育做出新的贡献。

第八章　现代化学校管理中传承
中华优秀文化新思维

"以史为镜，可以知兴替。"中华民族有着 5000 多年的悠久历史，在长期奋斗中形成了灿烂文明，其蕴含的思想观念、人文精神、道德规范、管理智慧，是中华民族自强不息、发展壮大的文化根脉，也是实现中华民族伟大复兴的强大精神力量。我们要善于从中汲取学校管理智慧，赋予中华传统文化新的时代内涵，把弘扬优秀传统文化和新时代的学校管理有机统一起来，树立正确的管理理念，探索有效管理办法，提高办学治校能力。

第一节　从《道德经》中学管理智慧

建构于 2000 多年前的道家素来讲究辩证法，主张"道法自然""怀素抱朴"，这对新时代学校管理仍有借鉴意义。《道德经》第 41 章云："明道若昧，进道若退，夷道若纇。上德若谷，大白若辱，广德若不足，建德若偷，质真若渝。大方无隅，大器晚成，大音希声，大象无形。"教育工作事关国家、民族未来，事关学生终身幸福，我们要勇于承担教育使命，遵循教育规律，尊重学生个性发展，用共同的愿景去凝聚教师，用高昂的奋斗去唤醒教师，用先进的文化去引领教师，站起来为教师当"伞"，俯下去为教育当"牛"，言传身教，办好学校。

一、把握好"教育的道"

"明道若昧，进道若退，夷道若纇"意思是前途光明的道路一开始总是艰难的，教育的"道"就是指教育规律。教师是人类灵魂的工程师，承担着神圣使命，传道者自己首先要明道、信道。我们从事的工作是育人，要站在未来看今天，跳出教育看教育。我们要贯彻落实立德树人的根本任务，培养德智体美劳全面发展的社会主义建设者和接班人，努力成为先进思想文化的传播者、党执政的坚定支持者、学生健康成长的指导者。这条道路上会面临各种思想碰撞、错误教育理念的干扰，有可能要经过艰辛的努力，走一段崎岖不平、暗淡无光的道路，但我们要坚信"前途是光明的，道路是曲折的"；只要我们初心不改，经过努力和奋斗，一定会走向光明和坦途，真正到达成功的彼岸。

二、把握好"大象无形"

"大象无形"的意思是说最高大的形象，往往没有一个具体的外形。教育的"大象无形"就是学校文化。文化没有形状，但是力量巨大。学校教师具有崇高的职业尊严，这就决定了我们不能单纯采用成绩量化、末位淘汰、命令式等管理模式。学校领导对学校的管理首先是教育思想的领导，其次才是行政上的领导。要认识到校长是权力，但更是责任和魅力。在一个学校中，人们能真切地感受到校长权力的存在，恰是这个校长的失败之处。校长在一个学校不需要事必躬亲，要注重建设先进的学校文化，通过引发、认同、固化，形成学校的思想、形象、行为识别系统，用文化的力量进行管理。如果我们在一所学校看不到校长的权力，但却能从学生身上、教师身上感受到无处不在的校长教育思想和管理风格的影响，这恰恰是学校管理的高明境界。

三、把握好"大音希声"

"大音希声"的意思是最美妙的声音，往往不是高调的喧嚣。教育的"大音希声"就是要学会谦虚谨慎，善于春风化雨，润物无声。一个有智慧的管理者能清醒认识到自己的不足，保持谦虚随和，要树立"管理就是服务"的理念，为大家解决好困难。越是水平一般的人越是自傲，处处都想表现自己很行。但事实往往是如果一个校长整天爱发号施令，动不动就声高色厉、指责批评，对学校管理不但起不到应有的正面作用，甚至还可能引起大家的一致反感，走向反面。高明的管理者，要学会做思想工作，善于走到同志们中间，耐心倾听大家心声，学会用大家容易接受的语言和平和的态度进行沟通，循循善诱，春风化雨。平常少讲，关键时候掷地有声，说得恰到好处，达到"于无声处响惊雷"的效果。

四、把握好"大方无隅"

"大方无隅"的意思是真正有棱有角、端庄正直的人，就像无穷大的方形，永远摸不到棱角。教育的"大方无隅"是指要用科学的制度进行管理。作为一校之长，要淡化个人权威，改变"人治"的落后管理方式，千万不能迷信自己一贯正确，不能迷信权力的力量，要善于凝聚集体智慧和力量，从善如流，把原则与灵活高度统一起来，一个棱角太分明的校长，往往会折翅于飞翔之初，多大抱负都难以实现。一个高明的学校管理者要善于打破制约学校发展的体制机制障碍，通过大家共同协商，依法依规建立起科学的治理体系，在制度框架下，给教师提供心一样大的舞台，每个人享有充分的自由，心情舒畅、创造迸发、智慧涌流。

五、把握好"大白若辱"

"大白若辱"的意思是有高尚品德的人往往虚怀若谷。教育的"大白若辱"是指只要我们正视自己的弱点和不足，心胸坦荡，襟怀坦白。人都有自己的人性弱点，校长也不例外，有时还会犯错误。衡量一个校长优秀与否，不是看他怎么标榜完美，关键是看他的初心是什么，行动上又是怎么做的。校长要处理好公与私、义与利、是与非、正与邪、苦与乐的关系，要立志做大事，不要立志做大官，保持平和心态，心无旁骛努力工作。要勇于把自己的生命融入伟大的教育事业中，心中装着人民、装着教育事业，坚持为党育人、为国育才的初心和使命。一个有坚定的理想和信仰，又不回避自己的缺点，不断战胜自我，带领学校从一个成功走向另一个成功的校长，才是师生喜欢的校长。

第二节　从《论语》中学习育人之道

2500 多年前，伟大的思想家、教育家孔子给我们留下了宝贵的教育资源和财富，记录他和弟子言行的《论语》，较为集中体现了孔子及儒家的政治主张、伦理思想、道德观念及教育原则等，成为儒家学派的经典著作之一。《论语》内容涉及的教育原则和教育哲学是中华民族传统教育思想的源头，也是当代教育的智慧宝库。虽然时隔千年之久，社会变幻、沧海桑田，仍然对我们有很大的启迪与帮助。

一、坚持立德树人

子曰："子以四教：文、行、忠、信"（《论语·述而》），意思是指要教给学生知识、行为、忠诚、诚信，概括起来讲，就是要做到知识、能力、品德三个方面统一。国无德不兴，人无德不立，子曰："士不可以不弘毅，任重而道远"（《论语·泰伯》），教育要把立德放在第一位。新时代教育要落实立德树人的根本任务，就要引导学生"扣好人生第一粒扣子"，从做好小事、管好小节起步，踏踏实实修好品德，培育和践行社会主义核心价值观，做到明大德、守公德、严私德，成为有大爱、大德、大情怀的人。教育还要下大力气解决"树人"的问题，我们转变教育观念、深化课程改革、坚持教育和生产劳动、社会实践相结合，全面加强和提高学生未来所需的必备知识和关键能力，培养德智体美劳全面发展的社会主义建设者和接班人。

二、坚持有教无类

子曰："有教无类"（《论语·卫灵公》），意思就是教育要面向全体学生。孔子弟子三千，较为出名的有 72 位，他们来自不同地区、不同家庭，有不同性格、不同特点，但孔子不歧视任何一个弟子，平等对待每一个学生。教育公平是人类社会的共同追求，是社会公平的基础，也是衡量一个国家文明水平的重要标志。中小学校的教育是在共产党领导下的社会主义教育，无论学生出身、民族、种族、财产状况、宗教信仰等，均有依法享有平等接受教育的权利。我们要办好每一所学校，上好每一节课，教好每一个孩子，不歧视、不抛弃、不放弃任何一个学生，让不同家庭背景、不同类别、不同阶层的孩子在同一个校园中手拉手共同奔向幸福的明天，是我们的神圣责任和义务。

三、坚持因材施教

因材施教出自《论语·先进篇》，是指教师要根据学生实际情况、个别差异，有的放矢地进行差别化教学。子路和冉有同为弟子，同问"闻斯行诸？"，但孔子回答完全不同。答子路的是："又父兄在，如之何其闻斯行之"，因为"由也兼人，故退之"；答冉有的是："闻斯行之"，因为"求也退，故进之"。每一个孩子背景、智能、素质、志趣、能力、优点、缺点不一样，教师要因人采取不同教育方法，子曰："不患人之不己知，患不知人也"（《论语·学而》），教育的失败原因之一，是我们对学情不明，采用简单的"一刀切""生产线"式的教育方法。所以，我们的教育要从学生的实际情况出发，进行精准化培养，根据学生的个性差别给予不同的教育，一生一策，对症下药，使每个学生都能扬长避短，获得最佳发展。

四、坚持实践育人

《子路、曾皙、冉有、公西华侍坐》中孔子在和弟子谈理想时，曾点说："暮春者，春服既成，冠者五六人，童子六七人，浴乎沂，风乎舞雩，咏而归。"夫子喟然叹曰："吾与点也。"这种师生和谐、自由快乐的教育幸福不正是我们今天教育所追求的一种理想状态吗？孔子的学校是没有围墙的，他在 54 岁时带弟子周游列国 14 年，见山必爬，见水必临，登东山而小鲁，登泰山而小天下，行万里路积累了知识，千万件事增长了才干；他组织切磋，言者无罪，在大自然中随机教育，在无忧无虑中探索人生真谛，萌发了多少充满智慧光辉的真知灼见！子曰："知者乐水，仁者乐山；知者动，仁者静；知者乐，仁者寿"（《论语·雍也》），作为教育工作者，我们要始终充满理想和激情，把大千世界作为我们的课堂，把东南西北作为我们的围墙，解放学生的脑、手、脚，让学校充满阳光，让学习充满乐趣，让学校变成学生学习的乐园、成长的殿堂。

五、坚持终身学习

孔子的教育思想博大精深，直到今天仍然闪烁着智慧的光芒。子曰："三人行，必有我师焉"（《论语·述而》），"知之为知之，不知为不知，是知也"（《论语·为政》），"敏而好学，不耻下问"（《论语·公冶长》），"学而不厌，诲人不倦"（《论语·述而》）等，无不在教育我们要善于学习。人非生而知之者，孰能无惑？实践在变化、形势在发展、时代在变迁，新问题每时每刻都在出现，校长只有坚持学习，才能与时代同进步，才能真正担当起领导的重任。校长不仅仅是管理者，更是学识、水平的象征，这就决定了"学、思、悟、行"是我们终身必修课。校长要深入学习马克思主义中国化最新成果用于思想指导，学习做好本职工作必需的知识提升管理能力，学习做人的修行修为知识、加强品行修养。要向书本学知识、向他人学经验、向实践学能力，并善于理论联系实际、学以致用。一个好校长，首先是一个好学者。校长要始终保持谦虚好学的学习态度，养成终身学习的习惯，他引领下的学校才会把学习当成一种需要，形成一种学习文化。这样的学校才能把握社会脉搏，跟上时代步伐，潜藏巨大生机，焕发蓬勃活力。

六、坚持科学方法

古往今来，任何一个人的成长成才，都离不开老师的教育教导。在这方面，（《论语》）给我们提供了很多好的教育方法。子曰："温故而知新"（《论语·为政》），"不愤不启，不悱不发"

（《论语·述而》），"学而不思则罔，思而不学则殆"（《论语·为政》），"学而时习之，不亦说乎（《论语·学而》）等，他告诉我们教学中要把握知识的前后联系，要善于启发学生，激发学生思考和质疑，培养学生学习兴趣。教师要改变单向传输的"满堂灌""填鸭式"教学方法，积极开展启发式、互动式、探究式教学，在课堂上应该高悬问号，激发学生思考，引起心灵共鸣，唤起学习兴趣，培养学生思维，开启学生心智，点亮创造的火花。这样的课堂才是有生命力的课堂，这样的教学才是有效的教学。

第三节　从《易经》中学习办学策略

《易经》是一本揭示变化的书，是中华传统文化中自然哲学与人文实践的理论根源，是古人思想、智慧的结晶，它以宇宙间万事万物为观察和研究的对象，用"阴"和"阳"两个基本要素，揭示了一个对立统一、阴阳互根、阳逆阴顺、此消彼长、物极必反等规律，被誉为"群经之首，大道之源"。《易经》乾卦的卦辞为："元、亨、利、贞"，这四个字在《易经》卦辞爻辞中出现的频率最高，是《易经》中最重要的术语。它的意思有不同解释，《周易·乾·文言》曰："元者，善之长也；亨者，嘉之会也；利者，义之和也；贞者，事之干也。君子体仁足以长人，嘉会足以合礼，利物足以和义，贞固足以干事。君子行此四德，故曰乾，元亨利贞。"简言之，就是儒家概括的仁、义、礼、智、信。在学校管理中，我们不仅要学习与传承它的思想内涵，更要体悟、挖掘、发扬其现实意义与当代价值，从优秀传统文化中汲取养分，提升个人修养，更稳健地走好脚下的路。

一、培好"元"

元者，万物之始也。一个人首先要有正确的价值观、世界观、人生观，这是我们工作的"总开关"。作为教育工作者，要"胸怀国之大者"，立志做新时代政治家、教育家。要树立家国情怀，坚定理想信仰，深怀爱国之心、砥砺报国之志，做到心中有党、心中有民、心中有责、心中有戒，主动担负起时代赋予的使命责任，把忠诚于党的教育事业作为人生的最高追求。在学校管理中要坚持以习近平新时代中国特色社会主义思想为指导，把握正确政治方向，坚持党对学校工作的全面领导，落实立德树人的根本任务，培养德智体美劳全面发展的社会主义建设者和接班人。

二、做好"亨"

亨者，通也。学校并非生活在真空中，面临各种矛盾、困难和问题，这就需要我们树立合作意识，提升资源整合能力，做好同事情感共通、家校社协调沟通、管理体系畅通，调动各方力量，为学校发展、学生成长创造良好的环境。校长是仁者，仁者爱人。我们要有高尚的精神境界，以德修身、以德立威、以德服众、以礼待人，礼贤下士，不能讲伤人的话，不能做过分的事。校长是勇者，勇者无惧。我们要有强烈的事业心和高度的责任感，立志办好人民满意的学校，在位一天就要敢担当、善作为，想干事、肯干事、能干事、干成事，为工作尽心尽力、尽职尽责、忘我奉献。校长是智者，充满理性和智慧。我们既要有战略思维、创新思维，也要有理智来判断哪些该做、哪些不该做，还要有智慧把握时、势、度，确定什么时候做，做到什么程度。如果我们目光短浅，当机遇来了也抓不住，会错失学校发展的契机。校长要开诚心布公道，立身为公，坚持公开、公平、公正，凝聚一支肝胆相照、荣辱与共的教师队伍，为学校美好的明天而奋斗。

三、用好"利"

利者，和也。一段时间以来，"唯分数""唯升学"的错误教育价值观，破坏了教育生态，背离了教育发展方向，影响学生全面健康成长，校长要建立正确的教育观、人才观，尽快破除制约学校活力的体制机制障碍。要完善教师评价体系，加快建立以价值、能力、贡献为导向的评价体系，形成有利于教师静心做教学、安心搞研究，专心育好人的新局面。要进一步完善学校管理制度，加大团结凝聚、教育引导和资源支持力度，引导广大教师深化课堂教学改革力度，减轻学生负担，提升教育质量。要进一步完善分配制度，充分用好经费支配权，学会生财、聚财、用财，着力打破"平均主义"和"大锅饭"，建立"多劳多得、优绩优筹"的现代分配制度，把奖励性绩效工资向班主任、一线教师和业绩突出的教师倾斜，发挥资金效益。要建立教师激励制度，加大表彰奖励力度，让教师有认同感、专业感、进步感、幸福感、归属感，让知识、智慧、创造源泉充分涌动。要干干净净干事，守得住清贫、耐得住寂寞、稳得住心神、经得住考验，自觉做到清正廉洁。

四、树立"贞"

贞者，正也。校长位置的特殊性决定了校长的形象、人格、品德、作风必然会对教师、学生产生巨大作用。上有所好，下必是焉。齐桓公好紫服，一国尽服紫；吴王喜刀剑，宫中尽疮疤；楚灵王好细腰，国中多饿人。校长要有堂堂正正的人格，用人格的力量成风化人，用真理的力量感召师生，自觉做为学为人的表率，做到"德学"兼备、两者皆高，才能赢得师生由衷的敬佩与尊重。校长要洁身自好，重视自己声誉、名声、气节及学校的品牌和形象，形象越好，价值越高，领导力就越强，形象就是效益，就是一笔无形的资产。校长要宽容，人非圣贤，校长最大失误就是不能宽恕教师的失误，教师的工作应该是最具创造性的工作，教师的劳动失误也是不可避免的。如果只看到教师不足，就会使我们因为一棵树而失去一片森林，就会使教师受到压抑。校长要广开言路，发扬民主，"闻过则喜"，要善于从别人批评中完善自我。子路当年欺辱孔子，但孔子春风化雨，感化了子路；尧、舜立"谤木"，言者无罪，汉文帝废除了诽谤罪，造就了许多敢说真话的人，才有了文景之治，使中国走向强大。

第四节　从《三国演义》学用人方法

《三国演义》是一部描写东汉末年群雄逐鹿的战争史书，此书集古人智慧之大成，成为中国古典四大名著之一。为政之要，唯在得人。得人才者得天下，纵观三国历史，用人的得失与事业的兴衰交织在一起，熠熠光辉，照彻古今。毫不夸张地说，三国之间的较量就是人才之间的较量，一部三国史就是一部人才竞争史。曹操、刘备、孙权起点不同，背景不同，能力也不同，但是最主要的差别还是其用人之道，这些智慧在今天对我们学校管理仍然具有很大借鉴意义。

一、用人唯才

曹操挟天子以令诸侯，占尽天时，但曹操唯才是举，不计前嫌，不问出身，以才用人也是其成功的重要因素。曹操强调选拔人才不以地位高低论取舍，以才能为主，奉行唯才是举的用人策略。他千方百计求贤，多次颁布"唯才是举令"，礼贤下士，广招贤才，天下贤士争相归附。他知人善任，用人不疑，许攸自袁绍阵营来投奔，张辽怀疑有诈，但曹操却深信不疑，许攸不负众望，提出了劫乌巢军粮的妙计。他敬重人才，广聚贤才而用之，他敬重关羽财不能动其心，爵禄不能移其志的义，成就关羽千里走单骑的千古美名。教育发展说到底靠人才，教师的质量和数量已经成为好学校的重要指标。一个人在自己一生中遇到好老师是一辈子幸福，一个学校拥有一批好老师是学校宝贵财富，学校要海纳百川，广聚贤能，全方位培养、引进、用好人才。人才都有特质，他们或思想敏锐或语言犀利或敢作敢为或特立独行，校长的胸怀要像大海有容人之量，能容人之长、容人之短、容人之过、容人之能、容人之怨，真正做到人尽其用、人为我用。

二、以情聚人

刘备居巴蜀，什么都不占，但其礼贤下士、以情聚人，知人善任、注重情义，使他占据人和，成就霸业。刘备虽是皇叔，但既没有权也没有钱，他白手起家，主要靠感情来凝聚人才。他以义待人，他与关羽、张飞"桃园三结义"，从此跨入逐鹿中原的行列，最终成立一个强有力的军事集团。他知人善任，"三顾茅庐"请诸葛亮出山，并充分信任诸葛亮，使其能够最大限度地发挥自己的能力。他以情聚人，关羽千里走单骑，无论曹操给什么条件，一心追随刘备。他人才规模较小，但五虎上将，忠贞不渝，肝胆相照，精诚团结，最具凝聚力。学校要坚持聚天下英才而用之，做到感情聚人、事业留人，营造识才、爱才、敬才、用才的环境，建立精神荣誉、专业发展、岗位晋升、绩效工资、关心爱护五大激励体系，培养人才、团结人才、引领人才、成就人才为学校发展、为教育事业建功立业。

三、后继有人

孙权居江东，占据地利，但其破格用人、重视人才的培养，使其在这场长期斗争中人才辈出、后继有人，没有出现与蜀汉类似的人才危机。他大胆起用新人，孙权任用周瑜破曹操于赤壁之时，周瑜仅27岁，谈笑间，樯橹灰飞烟灭；周瑜死后，孙权又任用鲁肃接管军国大事，使曹操不敢小觑江南。他注重培养人才，吕蒙、陆逊都是白领小将、无名小辈，孙权大胆起用并相继拜为大都督，这些少年英才，在战争中迅速成长，败关羽于荆州，火烧连营七百里。正是人才辈出，才使东吴杀出一条血路，三分天下，鼎足而立。校长要独具慧眼发现人才，不以个人好恶来用人，通过结对子、压担子、掰权子、搭台子、创牌子，造就一批又一批优秀的教师。学校着眼后继有人的大局，树立正确用人导向，坚持不唯票、不唯分、不唯学历、不唯年龄，建立健全素质培养、知事识人、选拔任用、从严管理、正向激励五大体系，大力发现、培养、选拔优秀教师，形成人才辈出、智慧迸发、千帆竞发的良好态势。作为新时代的教育工作者，我们要善于从博大精深的中华传统文化中汲取管理智慧，去伪存真、去粗取精，正本清源、固本培元，增强文化自信，不断提高自己的管理能力与品行修养，潜心办好人民满意的教育，为中华民族伟大复兴输送新鲜血液，提供人才支撑。

第九章　现代化学校育人环境设计新思维

我们正处在一个工业社会向信息社会转变的时代，社会的日新月异必然影响着学校的设计和发展。传统学校是按照工业设计思维，由建筑设计部门根据各种规范进行的设计，能够满足学校安全和使用要求，但几乎全是"方盒子"状的量产、模具化生产出来的建筑楼，外形千篇一律，功能单一落后，设计缺乏美感，特别是和学校办学理念、课程设置、素质教育、开放互动、学校文化、育人目标等要求脱节，成为一座没有灵魂的建筑物。现代化学校更强调教育的个性化、人性化、教育化、课程化，呈现其独特性、开放性、拓展性、可持续性和可识别性，这就要求我们在设计时要融合教育新理念、学习新方法和建筑新技术，围绕学校办学理念、育人目标、发展愿景、教育价值和使命，重新定位及设计学校功能、课程及空间的布局，塑造适宜师生生活、学习、成长的物理环境、技术环境和人际环境。一个能够通过美丽环境表达历史感和时代感的学校、一个能够通过空间重构满足素质教育实践的学校、一个能够通过精心设计满足信息交流的学校、一个能够通过人文关怀满足幸福生活的学校，才是现代化学校应有的样子。

第一节　现代化学校育人环境设计的原则

进入新时代，我国教育进入了一个更高质量、更有效率、更加公平、更可持续的发展阶段，学校教育也更加关注培养学生适应终身发展和社会发展需要的必备品格和关键能力的核心素养。设计适应学生自我发展、合作交流、社会参与的学校空间，已经成为现代化学校的价值追求。在进行学校育人空间设计时，应遵循以下原则。

一、教育性原则

校园作为教育教学实施场所，是文化传承、创新发展与情感表达的重要载体。学校育人环境的教育意义就是将教育本质和教育环境联系起来，更好地适应师生生活、学习、发展需求，帮助教育教学方式变革，提高认知效率。故此，学校育人环境在设计时要充分考虑学校的特点、学生的需要、教学的开展，让环境突出学校办学特色和育人目标，提高学习资源与教育需求适配度，从侧重物理空间和符合建筑规范转向重构学校教学方式、学习方式和育人新场景，实现教育在空间中的深度融合，满足师生多样化发展需求，以空间变革支持教育教学方式的变革，促进每个学生的发展，实现环境育人、课程育人、活动育人、文化育人。要运用新型信息技术和设备，支撑多学科跨场景应用，构建正式、非正式、混合多态的新型学习方式，让空间更文化，让学习更泛在，让学法更新颖，让学习更真实，让成果更分享。

二、人文性原则

学校不仅是学习的地方，也是师生生活、休憩、交往、游戏的地方。随着时代发展，单一功能的环境设计已经不能满足师生多样化需求。故此，学校育人环境设计时要站在使用者的角度，坚持以"师生"为核心，做到眼中有"人"、心中有"课"、手里有"路"，构建激发自主学习的多层次学习空间。要将新事物引入校园，支持学生独立学习、搜索资料、深度思考，引发学生好奇心与探索欲。要见天见地见未来，满足师生沟通、交流、展示、聆听、表达的社交需要，激发他们自主探究、合作学习的兴趣。要考虑学生年龄特点和学段位置，关注学生成长过程中的认知差异、认识特点，设置营造，设计符合学生成长规律、学习需求的温馨舒适的环境，让师生在校园中流连忘返，使文化在自由交流中汇聚，让学习在宽松的环境中发生。

三、开放性原则

学校是培养人和发展人的地方，学习已不再仅仅是课堂化的正式学习，未来的学习将发生在学生的足迹所至和人际关系所在。故此，良好的学校育人环境不应该仅仅是房间和建筑组合成的物理环境，而应该是自由、开放、流动的，是学生、老师、家长、社会交流、学习的场所。校园要连接学校课程、教学、学习、文化和师生行为，成为学生教室外的教室、课堂外的课堂，满足个体学习、小组学习、团队学习、集体学习、跨学科学习、项目式学习、泛在学习等多元学习方式需要。要利用建筑内部、外部和建筑内外联通的连廊、架空层、地下室、屋顶、楼梯等过渡空间，发挥休闲、娱乐、交通、教学、教育的综合功能，延展学校空间承载的对象和维度，给学生创造一个富有生机、充满活力的学习场所，使学习变得更加有效、便捷。

四、情境性原则

知识是在情境中建构的，学习要在情境中深化。实践证明，触及学生情绪、情感、意志的情景教学效果最好。学校育人环境除了秩序、严谨、规则以外，还应重视室内外环境及空间气氛对师生身心健康的影响，用有故事的情景营造舒适、愉悦的情景化、趣味化、生活化、人文化的空间环境，让交流在真实的情境中发生，促进学生身心及认知的健康发展。在保障安全的前提下，环境中可设置可躺卧的沙发、舒适的软座、优雅的卡座和宽敞明亮的窗座，让学生在家庭般舒适的环境中休闲畅谈，让心灵远离嘈杂喧闹，感受学校的关怀和家庭的温馨。要通过理念、装备、情境、资源、数据、制度等要素的系统性设计，创设激趣启智、灵活多元的学习情景，吸引孩子们在此处停留、体验、探索，给学生提供流露、宣泄情绪情感的场域，体验有趣、生动、多元的学习方式，丰富他们求知探索的学习氛围。

第二节　现代化学校教学空间设计的方法

新课程要求学校要更加重视培养学生核心素养，更加重视立德树人，更加重视提高学生创新能力和综合素质，更加重视学生的德智体美劳全面发展。学科教室、功能教室、场馆院所等教学空间是教学活动的主要场所，学校在进行设计时，要紧扣教学空间主要样态和功能，建设适应新课程要求，适应新的教与学方法，满足学生多样化个性需求的新型教学空间。

一、以学习为核心的教室设计

教室是学习活动最主要场所，不考虑学生需求和感受，再好的建筑设计也会失去存在的价值。随着时代的发展，各种选修课、活动课也越来越多，传统单一的黑板教学正在被交互式多媒体设备所取代，合作、自主、探究的学习方式正在成为课堂教学形态，这一切都对教室功能提出了一系列要求，同时也驱动着教室空间的变革。学校在设计教室时要适应教育教学组织形式的变化，敢于打破传统的布局，把具有单一教学功能的教室空间转变成为灵活多样、综合多元的教室，引领、促进、支援学生学习方式变革和核心素养建构。

（一）教室环境设计

新型教室应全面优化教室通风系统，能让孩子们呼吸到清新空气，沁润着与大自然一样的纯粹气息。要因地制宜设计教室采光，以最柔和的视觉光线，呵护着每一个孩子明亮皎洁的双眸。要趋于正方形，按照小班化设计，尽量扩大人均使用面积，降低人流密度，让学生惬意主宰属于自己的一方学习乐土。教室应设有阅览区，放置适量书籍，学生们可以随时借阅。教室要预备电子学习区，学生可以在课堂上检索、查阅各种资料和信息。教室黑板要设计成弧形防反光智能黑板，黑板后要设计交互式液晶多媒体，通过较好的局部暗环境，有效控制光源，让学生从不同角度都能看清屏幕上的图文。教室前方靠窗侧设置一个服务台，台上设置作业摆放区、维修工具存放区、急救药品存放区，台面底下的小柜提供放置班级物品的空间。教室后面设置学生自画墙，墙上既可涂画，也可用磁钉粘贴各种创意作品。教室靠近门一侧，利用柱子空间设置学生储物柜、养植角、衣帽柜，方便学生学习和生活。每间教室均设置 2—4 个有线网络端点，并可实现无线覆盖，为互联网环境下学习提供方便。教室内要安装视频监控和实时录播系统，既能保证师生安全，又便于进行教学研究。

（二）教室空间功能设计

人才培养及课程、课标、教材变革要求学生具备更多的动手能力、人际交流能力、合作能力，小组讨论、小班化教学、选课走班制已经成为教育的重要部分，学校不再是"加工厂"，学生不再是知识的"容器"，教师不再是知识的"灌输者"，这就要求教室空间要从以教师"教"为中心转向以学生"学"为中心。教室可利用能拼接、可组合桌椅和便于移动的书写板等设备，根据互动式、启发式、探究式的教学需求，灵活进行排列组合，既支持自主学习、个性学习、合作学习等不同学习方式，又能满足资料查阅、小组研讨、展示汇报、探究分享等功能需求。充分考虑闲置等空间，在保证安全的前提下尽可能把阳台、楼台等空间与教室打通，通过隐形门、屏风、格栅、透明门窗，把教室组合成可转换的空间组合，有效满足讲授、研讨、实践、创作、展示、交流等多样的学习需求。根据"选课走班"和特色课程需要，可以设计一些承担跨班级、跨学科教学的合班教室、个性化学习的专业教室、项目学习探究教室等学习场景，既要体现学科、课程属性，又要让学生与学生之间有跨学科、跨班级、跨年级的交流，创造更加丰富的成长和发展的学习情境。

（三）智能教室设计

多媒体、互联网、大数据、人工智能等信息技术的发展对教和学的走向会产生革命性的影响，推动传统课堂走向互联课堂，推动线下学习走向线上学习。学校在设计时，要利用触摸屏、智慧黑板、移动终端、无线网络等软硬件设备和技术，将网络资源有机融合到课堂教学，联通课堂内外、线上线下、远程现场，拓展学生线上学习空间，促进学校教学提质增效。利用移动录播、在线教学平台、智能环境控制等现代智能设备与技术，全面整合有价值的信息通信技术，实时录播教学，及时生成教学资源，满足学生课后小组自学和教师专业研究需要，支持教师改进教学、教研、备课、管理等教学行为。要丰富信息技术下的课程和教学资源，创建智慧学习空间，联通现实与虚拟空间，提供满足个性化学习需求的学习资源，支持多种学习范式并行的学习场域，营建灵活流动、自然连接、社会参与、虚拟交互的无边界学习生态。

二、以课程为核心的功能教室的设计

学校建筑是有自己的思想和灵魂的，学校应是一个学生喜欢、爱来的地方，也是学生能最好地求知、快乐成长的地方。设计好适应先进教育教学理念一致的功能教室空间，会推动教育教学方法不断进步，会深刻地影响学生成长，成为学生终生最难忘的记忆。功能教室空间要突出课程特点，强调实际体验，让学生在实践操作中建构知识、形成能力。

（一）支持学科教学的功能教室设计

学生学科学习需要特殊的环境和设备，支持学生通过实践操作、探索实验、亲身体验得出自己的结论、制作一些作品、得到老师指导。学校要按照国家小学、初中、高中规定办学基本条件和基本规范，根据素质教育的需要，设置科学实验室、物理实验室、化学实验室、生物实验室、历史教室、地理天象室、计算机室、语音室、美术室、音乐室、劳动室、书法室、体育馆、图书馆、阅览室等，为学科教学提供了广阔的空间，让孩子们以最清晰广博的视角，饶有滋味地探索知识的深邃奥秘。

（二）支持特色课程的功能教室设计

根据学校特色课程方案，设计特色课程功能教室，丰富课程资源，拓宽学生视野，满足学生智能、兴趣的个性化需求。如：设计国学馆和非物质文化遗产馆，开设中华优秀文化课程，让学生传承中华优秀文化；设计生活体验馆，开设营养与膳食、木工、缝纫、手工等课程，通过生活体验，促进学生与自然的连接，与实际生活的连接；设计科技馆，开设航空、航天、航海、机器人、无人机、人工智能、创意编程、无土栽培、3D 打印等课程，通过合作交流、互动分享、动手实践、创新创造等方式，为学生提供体验式学习场景；设计生命安全体验馆，安装智能装备、利用虚拟环境，通过地震体验、消防模拟、虚拟体验等方式，开设火灾、地震、交通等逃生和自救自护课程，对学生进行安全教育；设计中华棋艺馆，开设围棋、象棋、国际象棋课程，满足学生兴趣爱好；设计艺术馆，开设民乐、西乐、舞蹈、绘画、油画等课程，发展学生特长；设计学生剧场和演播大厅，开设话剧、京剧、曲艺等课程，传承国粹文化；设计开心农场，开设花卉、蔬菜、农作物、果树等种植课程，满足学生多样化、个性化需求。

（三）体验式学习环境设计

体验式学习是一个既令人兴奋又富有挑战的过程，它通过有组织的互动、有计划的引导、创造性的实践等活动让知识更加入脑又入心，最终形成能力。在设计时，要结合功能应用和体验教学开展，采用现代主义手法和新古典主义建筑元素相结合的办法，把学校文化融入设计中，通过丰富的造型、深厚的文化气息、鲜明的个性风格、恰适的色调将其特殊的功能逐一展现，形成沉浸式学习环境，使各室不单单具有教学功能，更具有育人功能。要充分考虑学生体验学习、实践操作、作品展示的需求，通过身临其境的技术装配、灵活的功能布局、充足的存储空间、开放的工作平台、合作的学习方式、作品的展示场所，支持开展各种项目式学习、跨学科学习、主题式学习方式，让体验式学习真实发生，为学生创造更具实际操作性、更接近真实世界的学习环境。

三、以阅读为核心的图书馆阅览室设计

图书馆和阅览室是学生汲取文化营养的重要场所，传统的图书馆、阅览室主要有学生阅览室、教师阅览室、书库、编目整修、视听阅览室五部分组成，负责整理、保管和利用书刊资料为师生提供借阅服务，比较呆板、严肃和封闭。伴随信息技术与现代教育发展，学校图书馆、阅览室不再是传统意义上借书、还书的场所，而是集"藏、借、阅、研、休"功能为一体的学习交流、资讯交汇、知识流动、思想碰撞、人文互动的多元学习场域。在设计时，要秉承给师生最美的阅读时光的原则，提升师生阅读素养、自主学习及合作学习的能力，发挥潜移默化的教育功能，塑造校园美的阅读环境。

（一）美的环境设计

图书馆可以引入绿色植被，地面采用防静电、防噪声的地毯或地胶地面，色彩以蓝天、白云、草地的颜色为主，将传统文化中的山水意向融入其中，使读者犹如置身于大自然之中，形成舒适、安静的阅读环境。光线上要通过玻璃幕墙或者弧形中庭的设计尽量采用自然光，创设出一个人和自然和谐的视野效果。灯光要考虑防近视，均匀布置，犹如点点繁星引人遐想，共同构成开放、健康的阅读环境。要设置吧台，免费提供咖啡、茶等饮品，加强人文关怀，增强感官体验，营造书香氛围，让师生在沉浸式阅读中放松身心、

怡然陶然。

（二）多元功能设计

图书馆和阅览室具有学生综合学习中心功能，要配置集陈列、储物、美观于一体的书架、桌案，营造书香氛围。在满足书籍陈列存储的需求基础上设计供独立学习的阅读卡座区、合作学习的研讨包厢区、自由伸展的趣味阅读区、团体互动路演区以及电子阅览区，满足查阅、研讨、交流、阅读、学习等多元化的功能需求，也为班级公开课，读书分享会、专题研讨会提供场地，让学习、交流、实践、陈列和展览汇集在同一个空间里，学生走进图书馆、阅览室犹如走进知识殿堂，可以享受自主、舒适、美好的阅读时光。图书馆、阅览室还具有文化交流平台功能，要支持组织读书交流活动、艺术审美培训、文化传播讲座，加强"生生对话""师生对话""环境对话""智者对话"，为师生搭建一个汇聚智慧、碰撞思想、参与实践、产生创意的交流平台。

（三）泛在阅读环境设计

新时代对教育和学习提出了更高的要求，图书馆、阅览室也将从原有的"书本位"的阅览服务向"人本位"的泛在学习转变。要利用教室走廊、门厅、架空层、楼梯角等室内空间及文化凉亭、诵读亭、漂流书屋等户外空间，配置大量图书、报刊，打造泛在读书环境，让校园成为无处不在的图书馆，让学习随时随地发生，使图书馆成为学校的文化地标和理想教育生态的模型。

四、以传承为核心的校史馆设计

每个人都有过去，每所学校都有历史。校史馆是学校"昨天"发展历程的一种展现和传承，是学校"今天"奋斗足迹的积淀和记载，是学校"明天"继续前行的源泉和动力。设计好校史馆，让历史见证学校的灿烂辉煌和艰难曲折，有利于让师生不忘历史、把握现在、创造未来，传承学校优秀文化和宝贵精神。

（一）校史馆环境设计

传统校史馆往往建在偏僻的位置和封闭的房间里，人流不易到达，不能很好发挥校史教育功能。学校可以利用门厅、长廊、架空层等开阔空间，设计敞开式校史馆，吸引更多的参观人流，随时随地可以进行学习。校史馆的色彩应以暖色为背景色，顶灯与展示外框可以采用中式传统设计，以展现历史厚重气息，营造和谐舒适的展示氛围。

（二）校史馆内容设计

校史馆首先是学校的编年史馆，是学校办学历史和教学成果的载体，要以历史发展为轴线，通过图片、实物展柜、影像资料等方式陈列学校发展历史、记载办学过程大事、反映不同时代学校面貌、展示学校获得荣誉，保存历史的点滴。校史馆还应是学校传统与学校文化展示厅，通过作品展示柜、展示墙、多媒体展示台等方式，留存学校过往重要的历史证物，收藏师生的优秀作品，展示学校的办学特色、理念和学校特色教育成果。

（三）校史馆功能设计

校史馆不仅具有收藏、陈列、展览等功能，同时也是天然的学习空间。在设计时，要以"故事"为载体设计游览路线，培养学生讲解员，让参观者在听故事的过程中引发思考，在思考中成长。要利用廊、柱营造半封闭空间，设置可供休憩交流的桌椅和书写白板等，通过不同主题场景为学生搭建"和历史对话"的桥梁，帮助他们培养文化理解和传承的能力。要利用多媒体技术手段或者互动装置，借助声光效果，营造情境氛围，丰富学生的亲身体验，展示师生风采。要开发校史课程，开展主题式、项目式学习，将校史馆变成学校课程的大讲堂、学生活动的体验场，从而激发其学习兴趣，不断引领师生在时空的交互中学习、探索。

第三节　现代化学校育人空间设计的方法

设计什么样的学校，不仅反映我们具备了什么样的物质技术条件，同时也反映了我们秉持什么样的教育观。学校育人空间的设计就是在现有条件下，将教育、课程、文化等诸多元素整合为一个有机体，赋予环境、空间特定的精神势能，建构适合学生全面成长的学校。

一、以健康为核心的运动场馆设计

健康是一切的基础，学生健康关系到国家的未来和民族的希望，是学校实施健康中国战略的重要内容。运动场所作为学校体育健康教育的重要阵地，在学校体育与健康课程中发挥着不可替代的作用。但现在很多学校运动场、体育馆还处于一种功能单一、实用性不强的状态。学校空间设计时，要坚持"健康第一"的原则，把健康学校作为设计的方向，为学生终身幸福奠基。

（一）体育馆设计

学校体育与健康课程内容包括基本运动技能体能、健康教育、专项运动技能和跨学科主题学习等多种内容，这就要求学校要充分利用好运动场馆，构建以学生为主体的复合化训练场。学校要根据学生运动的需求，利用学校闲置场所设置健身房、田径房、体操房、体能测试等多种练习馆，实现由单一的竞技功能向竞技和健身相结合的转变。要充分利用运动场馆，通过可移动的篮架、伸缩隔板，将原本比较大的篮球场分隔成不同的运动区，在满足篮球运动的同时，满足羽毛球、网球、乒乓球、武术、体操、舞蹈等运动的需求。要设计伸缩式的活动看台、舞台和背景屏幕，满足体育观赛、学校大型会议、重要仪式、报告会、演出的需要。要设计活动展架、移动展板、临时隔断，支持学生作品展示、校园贸易节、跳蚤市场、校园丰收节、义卖、集市、展览等活动开展。要引入智能运动仪器和设备，支持学生通过智能化检测设备检测体能训练效果，实现体育运动功能的拓展，提高运动场馆的利用率。

（二）运动场设计

学校户外运动场地不仅仅是提供课程的场所，同时也是激发学生兴趣的能量场、享受运动带快乐的游乐场。学校田径运动场在学校占有很大面积，在设计时要考虑场地灵活多变和功能多样化，在满足田径、足球、篮球等运动的同时，利用运动场边角位置设计路径健身器材和爬网、攀爬墙、软梯、吊绳、爬杆、攀岩等趣味运动空间，让学生在运动中玩、在玩中运动。利用校园广场、连廊、架空层、休闲地等学校场地，通过设计发电自行车、音乐秋千、模拟运动设备等户外趣味游乐设施，寓教于乐，让学生在一个多元、和谐、积极的环境中真正"动"起来。利用校园地面的铺装，设置各种数字格、跳房子、走迷宫、拼地图等运动场景，鼓励学生舒展身体、参与运动、缓解压力、放松心灵。

（三）运动环境设计

色彩是人对于空间的第一直观印象，明亮、鲜艳的色彩更能激起学生运动的欲望，在校园运动环境设计中，可以添加对比度较高的颜色和跳动的色彩，提升时尚的动感，使得场地充满吸引力。运动场所周围可以设计奥运历史、体育项目、体育人物、健康知识、应急处置、卫生防疫等知识介绍和学校运动会最高纪录版面，传播体育知识，弘扬体育精神，激励学生奋力拼搏。

二、以浸润为核心的美育环境设计

美育具有"以美育人，以美化人，以美培元"的功能，学校的建筑、环境本身就是一种艺术之美。在设计时，可以通过光线、色彩、造型等因素将美的形象、美的思维表现出来，建立具有个性及文化特色的美丽校园，激发并提升学生对美的感知力。这不仅是对学校外在形象的提升，更是对学校美育建设的丰富与深化。

（一）校园环境的美学设计

学校文化是一种强大的精神力量，是学校最有价值的东西，是实现教育目的的途径和重要载体。高雅、优美的环境会成为流动的艺术、传承的生命、有灵魂的东西，会无声地诉说教育的语言，充满无形的感染力。设计时要结合地域文化，或者整合传统建筑的照壁、枯山水、漏景及隔断屏风等，营造出古色古香的中国传统文化氛围；或者将设计的元素、色彩、照明、原材料简化，营造崇尚朴素、自然、单纯、真实的时尚简约风格；或者按照现代的宽敞开阔、自由灵活、实用硬朗的理念，呈现出前卫、开放、多元、灵活的工业设计风格。在教室或校园的公共空间中设计小舞台，支持学生话剧表演、校园音乐会与情景剧表演等活动，为学生的欣赏品鉴、研讨探究提供最佳的活动场所，引导学生对"美"的走向追求与践行。要在校园设置展廊、柜台、文化专栏，展示学生的画作、手工艺设计作品、艺术作品，浸润、传递、引导学生心灵的审美精神。

（二）功能教室的美学设计

设计科学教室和理化生实验室时，要贯穿人类对未知世界的向往和探索，如：可以用蓝色的顶棚代表星空的博大，用满天星空代表人类的探索，用旋转的造型代表宇宙的浩瀚，四周的墙壁可以展示推动科学进步的科学家事迹以及伟大的发明发现，让学生置身其中，油然而生对科学的敬畏和向往。设计劳动教室时，要体现热爱劳动、尊重劳动的思想，如：以自然生长的农作物为装饰，以北方民居为背景，以大地为基础，以黄色为底色，展现劳动和丰收的场景。在设计美术教室时，要让美集中体现，如：可以设计学生作品展示区、绘画工具储藏的空间，并增加水槽设计，色彩以三原色为基调，以脚丫形的调色盘为造型，遵循审美规律，培养审美能力，使学生展开丰富的想象，提高艺术修养。设计书法教室时，要考虑传承中华传统文化，可以按照中国传统风格进行设计，如：用中式花格造型彰显中式文化丰富文化底蕴，用书法作品装饰墙壁彰显古色古香韵味十足，用中式条几的书桌展示书法之美，让学生在学习书法的同时怡情怡性、愉悦身心，笔尖传情翰墨飘香。在设计陶艺教室时，要考虑传统技艺和技法，如：墙壁上可以设计以炉窑为基本外形的陶艺作品展示区，顶面以陶艺灯具作为点缀，以原木为屋顶造型，古朴典雅古色古香。音乐教室要考虑学生声乐训练、合唱排练的需求，采用隔音板材料，设计合唱台阶，同时将音乐元素融入其中，丰富其学科氛围，如：顶面可以跳动的音符和乐器造型作为装饰，墙壁可以以五线谱、音符、音乐符号为底层装饰，悬挂各种乐器实物，让人置身于艺术音乐的海洋，流连忘返。舞蹈教室要在注重安全、健康的基础上，营造简约、明亮的氛围，适当考虑融入舞蹈元素，如：顶面可以以舞者为造型，体现舞蹈的飘逸和优美的身姿，墙壁可以有各种舞蹈介绍、演出图片，给人以美的感受。心理咨询室要以简洁、温馨、舒适为原则，如：顶面以蓝天白云为基调，墙面采用淡绿色，让人仿佛置身于辽阔的大海，绿色的大自然中，身心放松。

（三）校园建筑美学设计

建筑外墙颜色要根据育人目标和地域文化，进行精心选择和搭配，如：可以红、黄、蓝三原色为主色，红色是英雄的颜色，代表着勇敢与热情；黄色是收获的颜色，代表着活力与朝气；蓝色是大海的颜色，代表着纯洁和辽阔，红黄蓝混合起来便是灰色，灰色是教育的颜色，它可以运载五彩缤纷，却消隐自我代表着教育的奉献和无私。学校楼宇外墙造型可以根据功能，赋予特殊的寓意，以不同的文化、艺术风格，丰富感官视觉的同时浸润高雅的情趣，满足感官愉悦与审美需要，如：以方形体为母体，穿插圆形元素，体现天圆地方的天人合一的理念；或以钢琴琴键和书卷组成，借喻"书山有路勤为径"。门厅可以在展示学校核心办学理念的同时，通过青瓦白墙、小桥流水营造景观小品，使之具有教育功能，呈现独特的审美价值。走廊可依据不同的学科主题呈现出多元化的设计特点，将自然美、人文美有机结合，打造怡人的休闲之所。

三、以实践为中心的劳动教育基地设计

劳动教育能够使学生获得正确劳动观念、劳动习惯、劳动情感、劳动精神，了解和懂得生产技术知识，掌握生活和劳动技能，并在劳动创造中追求自己的幸福生活。学校要在校园中设计劳动教育基地，开展以培养核心素养为导向的生活、生产、服务性劳动，让学生在真实体验中学习，在流汗中成长，在做、用、创中培养能力和素养。劳动教育基地的设计要结合学校实际、当地自然资源、区域人文特色，通过基地、场馆、课程建设，与真实的世界建立链接，让学生"劳"有所得，塑造劳动价值观与品质。

（一）校园农场教育基地

农业是我国重要的组成部分，学校要结合地方自然资源，合理利用好学校边角地块，设计建设特色农业种植园，组织学生开展土地整理、选种、播种、施肥、灭虫、灌溉、收获、售卖等全过程的生产性农业活动，让学生通过自身的实践与参与，了解农作物的种植过程、生产周期、生产过程和生长规律，掌握常见的农作物栽培和养护技能，在与泥土的接触中接受劳动教育、养成良好劳动习惯、培育积极劳动精神、建立正确的劳动价值观。按照生态循环的理念，可以在种植园中设计建设特色养殖基地，开展小动物、鸟禽和鱼类养殖活动，让学生了解动物的习性、养护管理方法和生态农业，增强学生与自然和谐相处的生态意识。要在种植基地中引入现代化环境监测和自动灌溉系统，实时观测植物的生长过程以及环境的变化对植物的影响，激发孩子认识自然、热爱自然的兴趣。组织校园丰收节，开展采摘、导览等活动，吸引家长、社区前来参观购买，实现劳动成果转化，体会劳动带来的收获。开展"劳动模范""种植技术能手"等评比活动，激发学生劳动的积极性，养成爱劳动的好习惯。

（二）非遗文化传承工作坊

非物质文化遗产是中华民族在世世代代不息的奋斗中，呈现的瑰丽色彩和文明结晶，它以意想和物想的多元形态，彰显着迷人的文化底蕴。学校要融合地域传统文化、以丰富独特的非物质文化遗产为主线，创建编织、布艺、陶艺、木刻、木工、金工、雕塑、印染、剪纸、插花等工作坊，借助展览和互动的形式，串起非遗的前世今生、展现其博大精深，让学生在熟悉掌握工艺技术知识和技能的同时，打开一扇走进历史和现实的文化之窗。要利用世界非遗日，组织非遗知识宣传、展示活动，让学生能够深入了解家乡传统文化，增强对文化传承与保护的意识，培养对民族艺术的兴趣，培养民族精神和爱国主义情怀。要组织学生非遗作品拍卖活动，让学生非遗作品产生市场价值，激发学生参与的兴趣。

（三）生活实践体验馆

围绕体验的原则，设计基于实际操作的车模、航模、金属加工、木工、电脑维修、缝纫、手工、花艺、茶艺、家政、模拟店铺、市集工坊等实践体验场馆，开设生活化、职业化的劳动教育课程，将生活实际、职业精神与劳动教育连接，通过实践交流和多学科课程的融合，在动手动脑的实践过程中，增强学生劳动思维及创新能力，培养认真负责、吃苦耐劳的品质和合作协作、专注创造的能力，体验成果的快乐。建设非遗文化和农耕文化博物馆，利用实物互动和 VR 配合还原中国人生活、耕作等一系列文化活动，让学生感受中华优秀传统文化的魅力和农耕文明发展历程，丰富劳动教育内涵，拓宽学生的视野。组织校园贸易节，给学生作品进行市场交易提供平台，体现学生劳动的价值。

（四）特色食育教育基地

"食育"是指通过营养与健康课程、烹饪实践活动、饮食文化课程，对学生进行食物、食品相关知识的教育，教授学生如何准备、制作和烹饪食品，培养良好饮食习惯的教育。学校食堂是开展食育活动最理想的场所，但传统学校食堂仅仅为了满足就餐需要，大部分时间处于闲置状态。学校在设计时，要充分考虑餐厅的综合教育功能，可利用适宜的移动家具，打造一个集教学厨房、户外花园（露天餐厅）、咖啡馆、校园农场于一体的多元化场所，让就餐、学习、社交、休憩、娱乐等活动都能协调地融合在一起。可以在餐厅内设计饮食博物馆，展示各类粮食、蔬菜的样态和营养价值，介绍各类食物的来源和各地独具特色的美食，帮助学生了解食物常识，关注营养均衡。可以设计食物知识科普区，给学生普及科学、健康、营养的饮食习惯和生活方式，逐步培养起健康的饮食习惯。综合设计实践操作区，指导学生开展面包、蛋糕、饺子、粽子、馒头等食物制作活动，鼓励学生动手，体验美食创造。可以利用冬至、端午、中秋、腊八等中国传统节日或班级的特殊节日，组织校园美食节，邀请家长、社区参与品尝、评价，搭建教育成果展示平台。

第四节　现代化学校学习空间设计的方法

学校建筑和其他建筑不同之处在于它是育人场所，学校建筑除了为教学设施、为师生的教学活动提供空间外，还应成为现代教育理念的引领者、学生学习空间的供应者，这样的学校才是真正意义的学校。当前，绝大多数学校的学习活动仍局限于教室和课堂，没有发挥校园空间在支持学生学习上的自主性、情景性、建构性、体验性的价值和作用，这已经成为学校的突出短板，学校学习空间主要包含教室、场馆、实验室等正式的学习空间，也包括校园景观、入口广场、庭院、连廊、走廊、楼梯、屋顶、宿舍等非正式的学习空间，学校要通过学习空间的设计把校园变成"可行、可望、可游、可憩、可学"的文化场所，成为学生永恒的记忆。

一、以价值观为核心的校园景观设计

校园景观是指通过设计功能简单、体量小巧、造型别致的游憩观赏设施、主题雕塑和院落，反映学校高尚的价值追求、丰富的人文意蕴，愉悦师生环境体验，营造美的育人环境。学校在设计时，要从小处着手，精心设计景观小品，将人文性、教育性、体验性、观赏性有机融合起来，构建并形成适宜师生游览、交流、发现与探索的环境氛围。

（一）庭院景观设计

校园建筑围成的庭院是学校景观设计重要场所，好的庭院景观可以让阅读、游戏、玩耍、交流、活动成为学生一生成长的记忆。校园入口处可以通过植株、水景、廊架、景墙、雕塑、台阶等方式形成多层次的空间，通过造型喻义融入办学理念、校训等学校文脉，对学生起到潜移默化的精神熏陶和人格塑造作用。广场旁边可以设置银杏、桃树、梨树等树阵，树下设置廊架、亭子、座椅、桌台，既寓意杏坛讲学、桃李芬芳，也可以休憩、交流，在四季变换中呈现不同景色，在休闲交流中进行文化沟通和思维碰撞。教学庭院是教学区的核心枢纽，可以通过宁静温馨的墙体、绿意葱茏的草坪、质朴拙拓的户外木板、通透明亮的落地玻璃、围合式坐凳、互动廊架等元素的使用，配合花树、绿荫、果色，设置开放或半开放的休闲空间，在相映成趣中体现回归自然、追寻本色的理念。在实验楼庭院中，打造科学为主题的景观，通过设置与学科课程结合的微型博物馆、山地景观、探究小品、水循环、风光发电、新能源再生等构筑物，激发学生的好奇心和求知欲，让学生在参与体验、互动交流中主动探究和学习。在校园边角位置，设置围合式阶梯坐凳、亭子、卡座和练字台、棋盘，多层次为师生、家长、来访者提供轻松的生活化休闲环境，既可以减少交流中的产生的压力，又可以为学生提供读书、演讲、朗诵、社团等活动场所，成为潜心耕读、互相交流的理想之地。在庭院四周，利用走廊、墙体、窗户等部位，进行垂直绿化，既充分利用了空间，又形成环境优美、风格独特、充满诗意的书香校园。庭院内可设气象站，全天候记录雨水、气温、风速的变化，激发学生寻得天文气象的奥秘，还可搭配感应式动植物科普装置和标本展示栏，激发孩子们可展开观察、提问、测量、推理等多种形式的探究和创造性活动，在真实世界的体验与互动中培养科学精神和实践能力。

（二）楼宇景观设计

学校要结合学生成长规律和认知特点，围绕学校核心价值观，按照楼宇功能、楼层使用学段，分别设计楼宇景观。小学阶段可以结合善良、和谐、忠义、仁勇、诚信、孝心等中华民族传统美德和文雅行为养成，通过楼宇顶棚造型、楼层色彩变化和墙面涂鸦、版面介绍、廊柱标语等方式，设计中华民族发展史、党史、新中国史、改革开放史、社会质疑发展史和传统文化故事、名人名言，浸润和感化学生，从小学会孝于家、忠于国、诚于事、勤于学、和于人、雅于行，学会做人、做事、做学问，学会和自然和谐相处、和谐共生，追求身体、心理、道德全面发展。中学阶段可以结合数学、物理、化学、生物、地理、英语等学科，通过顶、廊、柱、架、墙、图形和色彩组合变幻，设计科学技术、自然世界、天文学等内容，普及科学知识、传承科学精神，激励学生探索和追求真理。在楼宇共享位置分别设计读书角、交流角、英语角、科技角、艺术角、兴趣角，通过雕塑、铺装、绿化和休憩座椅，设计动静分离景观小品，方便学生开展阅读休闲、自主学习和才艺展示，使学生们在课余活动的时候能够更多地亲近自然、亲近绿色，学会文明、优雅。楼层要充分考虑学生作品展示功能，利用墙壁、楼梯、走廊设计学生作品展示柜或展示墙，给不同特长学生提供展示的平台。利用教学楼阳台优良的采光，配合防腐木及绿植，建设休闲卡座，作为相对独立的工作和休闲区域，让师生在此休息、阅读，或进行一对一的谈话，营造出一种宁静的温馨氛围。

（三）室内景观设计

教室不仅是学习读书的场所，更是育人场所。在教室中设计景观，构建起一个和谐、诗意、精致的环境，会使学生的学习生活变得更加生动、丰富、美丽。教室要设计花草种植区，摆设鱼缸、花草，让学生亲近各种自然，观赏花草、观察虫鱼，在好奇中习得知识，在活动中品味自然。要设置涂鸦黑板、拼图板、图书漂流角和阅读区，让学生尽情发挥创意，支持学生开展更加灵活流动的学习。利用墙壁设置百科问答景观小品，收集学生疑难问题并定期更换内容，支持师生相互提问、解答，增加学习的趣味性、互动性与自主性。设计创新作品展示区，展示学生艺术、手工、种植、科技作品，让教室每一个让角落成为展示学生奇思妙想的"微"景观，延续学生对于校园美好群体记忆，为学生们营造一个有温度、有互动、激趣启智的学习环境。

二、以多元为核心的校园墙壁设计

校园建筑的墙壁是建筑的一部分，更是学校文化建设的一部分，让学校的每一面墙都"开口说话"是现代学校教育观和价值观的重要内容。学校设计时，应该坚持以学生为中心，将墙壁的育人价值发挥到最大，彰显学校的文化积淀和历史底蕴，成为师生思想与情感表达载体。

（一）互动的墙壁设计

设计学校墙壁，要站在学生的角度，基于教育的需求，改变校园墙壁的空白或者少数人决定的状况，让校园墙壁融入并影响学生成长。应动员师生共同参与学校墙壁的设计权，让墙壁成为大家创作的平台、灵动的教育、智慧的展现。学校周边的围墙作为对外展示的窗口，学校可以组织"墙面文化创意设计大赛"，邀请全校师生、组织学生家长等参与进来，集思广益，共同创作。校内墙壁可以设计流动作品展示墙、未来信箱、时光记忆等主题，让大家真正地认可学校，潜移默化地受到熏陶，链接对学校的情感记忆。班级墙壁可以直接留出空白的墙面，作为涂鸦墙、创作区，允许个人或社团自由创作，成为展示学生奇思妙想和表达感情的园地。

（二）智慧的墙壁设计

随着互联网、人工智能、大数据等信息技术的发展，学校在进行墙壁设计时，要考虑在人流密集的地方，利用墙壁物理空间，设置触摸屏、电脑查询机、电子阅报机等智能化设备，让每一面墙都开口"说话"。在学校门厅墙上可以设计电子投屏，在教室门口墙壁上设计"电子班牌"，实时发布学校、班级信息、课程动态、班级风采、学生评价等内容，提升学校智能化水平。要基于校园不同学习场所的功能，利用技术手段在墙面设置一些互动屏，通过语言、手势、动作开展交互，增强学习的趣味性和互动性。在学校场馆内可以综合运用视频、声音、动画、全屏展墙等新技术、新媒体，给学生提供更多信息支持，带来深度的沉浸式学习体验，激发学生的学习兴趣。

（三）文化的墙壁设计

墙壁的文化设计，可以小见大，促进师生互动，提升学生的学习体验，对学习效果有显著影响。学校在设计时，要充分考虑墙壁所处区域的教育功能，通过墙顶、景窗、色彩、造型和传统的砖雕、壁画等要素变化，形成可识别性、情境性的符号标志，既可以作为空间界限的引导，也更能突出其场域的特色特点。在墙壁立面上可以巧妙设计绿植、花草，形成植物幕墙或花园，让学生视力所及之处都可以看到自然界的四季变换。可以在墙壁上构筑壁龛、景窗、书架、作品展示柜，沿墙设置卡座，为学生创造童趣十足和互动、合作、交流、沟通、阅读、思考的文化环境，让多变的文化墙壁为师生提供个性、多元的学习环境。

三、以交流为核心的建筑外空间设计

（一）入口环境设计

学校是为学生服务的场所，校园入口是学校和家长、社会过渡的边界，设置开放、包容、安全、温馨的校园入口，会给家长放心的感觉，会让学生从进入校门就富有归属感。入口等候区可以借鉴中国传统院落的处理办法，融合江南园林"借景"的手法，围合形成室外活动、休息、交流场所，既可以满足人流集散要求，又能形成多层次的空间和富于变化的移步移景、曲径通幽的家庭环境。在入口醒目位置可以设计学生笑脸墙、小舞台、文化展示橱窗及休闲阅读区，让开放共享的校园入口拥抱走进来的每一个师生、家长，让美好的校园生活从进入学校开始。入口广场可以按照"轴、环、中心"的递进式空间进行设计，通过影壁石、互动墙、升旗台、主雕塑、喷泉、水系、休闲和游戏化设施，配合各楼造型和色调，打造符合校园文化内涵，具有师生认同感和归属感的空间布局，使其成为学生喜欢逗留的户外学习活动空间。学校门厅可以设计为宽敞舒适的开放式大厅，承担家长接待、服务咨询、休闲吧等公共功能，增强师生、访客之间的沟通互动性，把门厅扩展为多维度支持的综合空间。

（二）架空层环境设计

出自交通连接、通风采光、避雨防潮等需要，学校中有很多通过廊、柱支撑的架空层。学校设计时，要发挥架空层宽敞、连续、通透、防雨等特点，通过铺装跑道，建设半开放的运动街区，既可

以在恶劣天气开展体育课教学，也可以在课余进行体能锻炼。要发挥架空层共享特点，建设作品展示区，及时展出师生文化、艺术、科技、劳动作品。要发挥架空层开放的特点，建设文化街区，展示地域文化、学校历史、办学理念、育人目标、"一训三风"、学校荣誉等文化内容，让师生随时可以接受学校文化熏陶，引领师生成长发展。要发挥架空层共享特点，利用廊柱、墙体、阶梯来做书柜和座椅，建设阅读空间、开放式书吧、小剧场、社团活动区、博物馆、市场街区等综合学习中心，承载阅读、表演、展示、分享、社交、讨论、思考等多元化的学习活动。

（三）屋顶环境设计

出自建筑安全或成本考虑，大多数学校屋顶往往没有得到有效利用，一般都是坡顶或不上人屋面。随着学校设计理念的转变和集约用地的发展趋势，越来越多的学校意识到充分利用好学校屋顶空间，建设具有学校特色的新型学习空间，不仅可以有助于资源节约型学校建设，也能够弥补学生学习场地不足的短板。基于屋顶空间的独特性，学校可以建设空中花园，通过种植箱种植适合屋顶生长的香草植物，并设置现代智能图书借阅柜，不仅可以发挥改善小气候、为建筑调温节能的生态功能，也可以为师生提供课余静心独立、阅读思考、放松休闲场所。可以建设空中农场，种植一些季节性瓜果蔬菜，组织学生开展农业劳动实践课，真正体会到劳动的快乐。可以建设空中运动场，在满足基本承重和安全防护要求的基础上，增添运动地面铺装、秋千、攀爬架、路径健身器材等趣味性的游戏、运动器材和设施，支撑学生开展体育拓展活动。可以建设空中教室，利用屋顶视野开阔、自然光照等特点，建设气象观测站、天文台或安装光伏发电、雨水收集等装置，与学校科学、地理、生物等课程内容相结合，组织学生开展科学观察和探索。可以建设空中舞台，利用宽敞的空地设置涂鸦、墙绘、雕塑，搭建演出、展示的舞台，满足学生艺术表演与作品展示的需要。

四、以共享为核心的过渡空间设计

（一）角落环境设计

学校有很多类似于楼梯间、拐角处、阶梯等边角场所，由于其空间大小、所处位置、使用功能等限制，这些地方一度成为被遗忘的角落，成为空间空白、无法利用的场所。学校在设计时，要充分考虑角落环境的细节，让空间小角落连接教育大目标，以小见大，以点窥面，把它打造成具有人文关怀和审美情趣的空间。可以利用楼梯间角落的私密性，通过地面铺装和温馨的色彩、舒适的坐垫、艺术的书架给学生打造出小型的自习室、阅读角、休憩区等安静温馨的独处场所。阶梯承载了人流交通的功能，如果设计合理，就可以充分发挥场景育人的作用，可以根据不同阶梯不同功能、造型和高差、视线优势，在适合的位置，通过扩延阶梯的宽度、下沉或者抬高阶梯平面的方式，用不同材质进行铺装，把阶梯打造成观坐平台、表演展示的剧场或舞台，满足多层次文化交流需求。对于相对宽阔的户外阶梯，可以利用高差在周边设置一些花坛，让学生进行植物种植和观察，成为劳动实践课程一部分。在阶梯较宽阔的部分或转向平台，尽量和露台、阳台连通，设置舒适的座椅或者休闲场景，扩大共享空间，使之成为师生课余休闲交流、学习讨论的场域。阶梯设计要融入地域特色、办学理念、学校历史、作品展示、涂鸦创作、名人名言等元素，让每个阶梯都来说话，帮助学生在行走间潜移默化地接受文化熏陶，增强文化自信。

（二）走廊环境设计

走廊作为学校建筑中常见的公共空间，是学生除教室之外停留时间最长的区域。长期以来学校走廊往往被认为是人流通道，相对于学校其他空间显得狭小和功能单一，但实际上，走廊不仅具有交通联系性与空间过渡性，还是信息传递的空间，是人员交流的场所，是知识传递的媒介，承载师生休息交流、合作探讨、学习娱乐、展示储存等多种活动，蕴含着感染、凝聚、导向、激励等丰富的教育元素。学校走廊设计时，要考虑人流潮汐特点和人员流动性、互动性，尽可能将走廊设计得宽敞明亮，在每层的走廊上可以设置咖啡书吧、免费上网学习区等港湾式共享空间，在走廊宽敞处设计作品展示墙、展示柜、书架、座椅、书写台，沿廊柱设置沙发、休闲凳，在共享区域设置可席地而坐的地垫，在班级外墙设置班级文化展示区和学生发挥创意的涂鸦墙，满足学生交流研讨、自由活动、小型活动的需要，使走廊成为人流、信息流、知识流交织的地方。学校走廊的文化设计，应以中华传统文化、红色文化、地域文化、学校文化作为设计的素材来源和基础内容，按照不同楼层年级的设置设定文化主题，按照人成长规律确定文化表达方式，展现学校的价值取向，用学校特色文化浸润、涵养学生的文化底蕴。学校走廊要和学科课程相结合，设计阅读小街、科创走廊、艺术天地、自然世界、时空隧道、世界之窗等特色街区，展示课程成果，营造多元学习场景，打造学校的网红打卡地。

（三）宿舍环境设计

宿舍不仅仅是学生睡觉的地方，更是学生校园生活重要的组成部分，合理的宿舍空间设计能够满足学生成长过程中心理安全、同伴交流、学习生活的需求。学校在设计时，要采用单向设计，在宿舍间、门厅、中庭、阳台、露台等光线充沛处设计共享空间，配置色彩鲜艳的座椅、书架、卡座等温馨设施，支持学生进行自主学习、研讨交流、休憩放松。宿舍内要设计卫生间、洗浴房，配置热水器，方便学生生活，营造家一样的温馨气氛。要设计公用的洗衣、晾晒的地方，配置洗衣机、熨烫机，让学生自己动手进行家务劳动教育。

总之，一个体现朴素、自然、典雅、庄重的校园空间环境，每一处精心设计的细节，都会默默记载学校不同时期的发展历程，都会成为学生人生的记忆，都会发挥潜移默化的育人作用。学校要致力于让校园一草一木一砖一瓦都来说话，诠释对学校精神的理解，彰显立德树人的价值追求，把学校建设成兼容并蓄、自由多元、中西结合、古今贯通，既有中华文化之大气，又有世界文化之意念、令人心怡的现代校园、人文校园、生态校园、知识校园、和谐校园。

第十章 现代化学校舆情危机处理新思维

我国中小学现有在校生 1.8 亿多人、在职教师 1200 多万人，涉及中国 4 亿多个家庭，是国民教育中基础的基础，是立德树人根本中的根本。近些年来，随着互联网和信息技术的广泛应用，微博、微信、小红书、抖音、快手、B 站等自媒体和社交平台大量兴起，使得校园安全、校园欺凌、学生健康、考试招生、双减政策、疫情防控、教材读物、教育惩戒、教师负担、师德师风、劳动争议、意识形态、教育公平等问题引发社会广泛关注和人们普遍热议，导致涉及教育的舆情事件频频出现，给当事学校造成很大困扰，严重影响了正常教育教学秩序。身处信息时代，任何一个学校都不能置身事外，都曝光在社会监督的"聚光灯"下，面对突如其来的舆情，学校处理得当，就会化危为机，赢得舆论信任和支持；相反，不但平息不了舆情，而且会"推波助澜"，加大舆情处理难度，甚至可能引发更大的事件，导致学校公信力也受到影响，甚至有不少当事人"黯然离去"，从此改变了命运。学校要高度重视舆情处理工作，准确把握新时代舆情传播特点和规律，不断创新舆情处置的体制、机制、形式、方法、手段，提升舆情处置的素养，提高舆情处置的能力。

第一节　舆情危机处理的重要意义

信息时代，人人都可能是信息源、自媒体。由于教育问题涉及千家万户，因此受到了人民群众的高度关注。纵观近些年涉及教育的多起舆情事件，虽然事件各有差异、形成的原因各不相同、处理的方式和结果也不尽一样，但是，每个舆情事件的背后，都是对教育深层次问题的社会大讨论，这里面有家校矛盾、教师成长、学生发展、师德师风、家庭教育、学校管理、社会公平、意识形态、资源分配等一系列问题，处理不当就会"火上浇油""推波助澜"，都极易引发群体性危机，使得舆情危机处理变得更加困难。我们只有深刻认识到舆情处理的重大意义，才能发现其存在的问题，才能知道前进的方向。

一、有利于提升学校治理水平

随着移动互联网的快速发展，各类群圈社交、评论互动、短视频平台等全媒体不断发展，它对技术要求简单、准入条件较低，又具有极强的时效性、匿名性、开放性、互动性、便捷性等独特特点，这就为每个人提供了发布信息、谈论国家大事、闲聊日常琐事、探讨教育热点、破解发展中难点、自由表达观点和意见的机会和舞台，极大改变了媒体的人员构成、信息来源、话语体系、传播方式，导致舆论生成、舆论格局、舆论生态发生深刻变化。可以说我们已经进入了一个信息无处不在、无所不及、无人不用的全媒体时代。"知屋漏者在宇下，知政失者在草野。"学校要充分认识全媒体时代对学校治理提出的新挑战，善于运用网络了解民意、体察民情、开展工作，要经常上网看看，了解群众所思所愿，收集好想法、好建议，积极回应人民群众关切、解疑释惑，改进学校各项工作。学校要把舆情处理作为新形势下办学治校的基本功，增强同媒体打交道的能力，深刻把握多元意见的交流与融汇、事件的深层次挖掘、信息的反馈、舆情的发展变化的规律，善于运用媒体做好政策宣传和解读、发现矛盾问题、引导社会情绪和舆论，不断提升学校治理能力现代化。

二、有利于落实立德树人根本任务

中小学学生是国家未来，民族的希望，也是信息时代重要群体和主力军，但青少年正值心智成长期，人生观、价值观、世界观尚未形成，用辩证思维、批判思维分辨信息的能力不够，很容易受舆论引导。从某种程度上说，舆情如果处理不好就会严重影响学生对学校、社会、世界的认知。学校要认识到舆情一旦形成，会出现许多杂音、噪声，甚至有信息失真、造谣抹黑等现象，一些别有用心之人也会借机煽风点火、浑水摸鱼，如果放任不管，势必在学生中造成思想混乱，认知错位，严重影响学校公信力、凝聚力、向心力，干扰学校各项工作。学校要通过舆情处理，及时廓清事实、讲清道理、融通情理，把舆情处理和思想教育、能力培养结合起来，培养学生坚定的理想信仰、正确的价值追求和共同的奋斗目标，增强爱党爱国爱人民爱学校的情感。工作若有不足或需要改正的问题，要勇于承担责任，积极改进工作，用实际行动在学生心目中树立担当磊落的形象。

三、有利于凝聚发展共识

办学治校需要凝聚全校师生共识，心往一处想，劲儿往一处使，同心同向同行，这是我们一切工作的前提和基础。当前，中小学进入高质量发展阶段，人民群众对优质均衡教育的需求日益迫切，对教育上长期存在的学业负担过重、教育不公平、择校热、师德失范等问题反映日益突出，加之学校办学治校、教师教书育人水平参差不齐，一些事情如果处理不当、防范不及、应对不力，就会发酵、叠加、演变、升级，形成舆论乱象，导致认识分化、阵地沦陷、被动挨打，严重影响教育形象，严重影响学校稳定发展，在这方面，我们的教训十分深刻。学校要自觉承担起舆情处置的责任，要适应分众化、差异化传播趋势，积极应对舆情的风险挑战。一方面学校要坚持公平正义，依法执教、依法办学，维护学校、教师、学生合法利益、正当权益；另一方面要对失实的、造谣的、污蔑的、人身攻击的信息和妖魔化、污名化学校、教师、教育的言论，及时予以澄清、揭露和驳斥。既要坚持原则和底线，又要讲究舆情处置的策略和艺术；既尊重个人获取信息、交流思想、表达诉求的权利，又弘扬正能量，奏响主旋律。从而团结和带领全校师生，凝聚共同发展愿景，形成共同核心价值，营造有利于学校发展的舆论环境。

总之，学校要转变传统治理观念，适应互联网迅猛发展带来的挑战，站在学校稳定发展的高度，深刻认识舆情处理的重要性和紧迫性，科学把握其内在规律，不断提高舆情处理的能力和水平，避免学校出现"灰犀牛""黑天鹅"事件。

第二节　舆情危机处理的基本原则

舆情处理是伴随互联网技术迅速发展而出现的一项新生事物，也日益成为学校办学治校的"必修课""基本功"。舆情处理不当不但会影响学校形象和公信力，也会影响学校干部及当事人的事业发展，严重的还会造成重大利益损失。在处理舆情时，学校应遵循一定的原则，正确做好舆情回应，合理引导舆论，防止舆情的发酵升温。

一、坚持导向性原则

"文者，贯道之器也。"在处理舆情时，学校不能"人云亦云""随波逐流"，既不能被情绪化、极端化舆情裹挟带偏，也不能为带节奏、搅浑水的杂音干扰误导，要在舆情面前保持清醒的头脑，站稳政治立场，在"乱花渐欲迷人眼"的诱惑干扰面前，保持"乱云飞渡仍从容"的战略定力。要坚持以事实为依据，以法律为依据，弘扬主旋律，释放正能量，引导人们分清对错、好坏、善恶、美丑，激发人们向上向美向善的精神力量，传递正确的价值观、态度和思维方法，从而凝聚人心、汇聚力量，推动学校发展。要强化辩证思维、批判思维，坚持用两分法、重点论看待舆情，警惕"高级黑""低级红"现象，不让"娱乐化""庸俗化"左右舆论风向，也不让"恶搞""调侃"冲击核心价值。

二、坚持平等性原则

互联网背景下的全媒体时代，去除了中心、权威和上下级关系，人人都可以说话，人人都可以表达，人人都可以成为舆情的信息源、传播源、放大源。面对这些特点，学校在处理舆情时，一定要尊重民意，不能居高临下，指责训斥；也不能漠视舆情，不理不问，这种办法只会导致舆情不断被放大、扩散。要平等对待民意，真诚和反映问题者、提出意见者进行对话，懂得换位思考，懂得道歉反思，用平等谦逊态度得到舆论认同，赢得话语权和公信力。要有包容意识，舆情之所以出现，就是触动了老百姓"急难愁盼"的问题，得到广大网民的心理认同，会出现一些情绪化宣泄、非理性表达，学校要推己及人，多理解、多宽容、多包容，听得到批评声音，听得进批评意见，确保吸收合理意见，解决存在的问题，积极改进工作，从源头上防止不良情绪的滋生和变异。

三、坚持时效性原则

随着信息技术与互联网的发展，信息能够实现可视可见、随编即发、瞬时直达，人们的信息来源更为广泛，发表观点更为便利，舆情的不可控性加大。如果不及时回复、澄清、处理，舆情会迅速发酵、裂变式传播、呈几何倍数增加，在这个过程中，信息会不断失真、变异，一旦各种不实信息、无端猜测、小道消息和谣言呈现"井喷"，就会导致舆情处理起来极为困难，使学校工作陷入被动，甚至会造成不可挽回的损失。学校要提高舆情的敏锐感，提高舆情发现力、研判力、处置力，力求感知灵敏、判断精准、处置有效，做到敏感舆情事事有预判、个个有预案、件件有预备。一旦舆情发生，要坚持以快打快、以准制疑、以全纠偏，迅速、广泛搜集、整合、梳理各方舆论观点，从容、精确的通报舆情事实，打消舆论质疑，化解舆情风险。在日常工作中，要努力做到抓早抓常抓长、落实落细落小，确保舆情应对心中有数、腹中有谋、手中有招，抢占舆论引导的先机，争取主动。

四、坚持真实性原则

信息时代让学校曝光在社会舆论"聚光灯"下，全媒体的开放自由让任何负面舆情都有可能被无限放大，一旦处理不当，就容易引来人们的广泛关注，增加舆情变异为现实危机的风险。学校在处理舆情时，不能敷衍应付、流于形式，应慎言慎行，真实、坦诚、负责任。对于舆情和社会关注的问题，应抓住诉求与反映问题的核心、重点、本质和焦点进行实事求是的调查核实，精准、扼要地回应关切、公布真相，澄清谣言，消除质疑。既不能"遮遮掩掩""答非所问"，回避核心和重点，引发次生舆情；也不能"置之不理""无可奉告"，漠视舆论关切和诉求，导致猜疑四起；更不能"避重就轻""歪曲事实"，影响学校公信力，以至于激化矛盾。事实求是的态度、真诚的交流、坦诚的沟通、恰当的话语能够与社会形成良性互动，能够满足公众心理，赢得社会信任，消除舆情影响，维护好学校公信力和教育良好形象。

第三节　舆情危机处理的途径方法

身处信息时代，传播主体多元、信息来源广泛、传播渠道多样、传播速度迅捷、影响效果叠加，稍有不慎就会使得学校一些敏感的话题在短时间内大范围扩散，形成舆情事件。近年来，学校越来越重视舆情处理，在实际工作中，由于学校对于舆情处理的能力参差不齐，要么存在侥幸心理，要么经验不足，要么处理不够专业，不但没有达到预期的处理效果，反而导致矛盾不断升级，造成更大范围的负面影响，直接损害了学校的公信力与威信。提高学校舆情处理素养，掌握舆情处理方法，维护学校合法权益和良好形象，已经成为现代化学校需要面对的问题。

一、建立健全舆情研判机制

《孙子兵法·谋攻篇》说："知彼知己，百战不殆。"在全媒体时代，学校要加强舆情的敏感性、预见性，加强舆情搜集、分析、研判机制，听于无声、见于未形，全天候、全方位感知舆情态势。

（一）及时获取舆情信息

舆情预判是舆情处理的前提，学校要未雨绸缪，加强舆情监测。要安排专门部门或人员常态化关注网站、微博、微信、电子阅报栏、手机报、网络电视等各类新媒体，及时排查舆情信息，通过潜水、聊天、发声，了解群众诉求、建议、意见，解疑释惑，回应社会关切，努力将舆情隐患消灭在萌芽状态。要提高技术水平，利用大数据、云计算、人工智能和舆情监测软件等技术，通过对媒体信息的实时自动采集，运用语义识别技术，科学化、自动化和精准化地发现苗头性、倾向性、敏感性、高发性等存在重大风险的舆情信息，以便做到心中有数、了如指掌，及时处理，提前做好预案。

（二）加强舆情信息研判

对搜集到的舆情信息进行综合分析研判是把握舆情处理主动权的关键所在。舆情的产生很大程度上取决于事件、话题，具有较高的关注度和争议性，有很多人会有相似的经历、共情的感受、过往的体验，借助舆情发泄情绪、表达利益诉求。学校要善于从各种混乱复杂的舆情信息中找到本质和核心，不能眉毛胡子一把抓，不能一叶障目、不见泰山，不能只抓一点、不及其余，避免主观片面、以偏概全。要善于找到舆情产生的根本原因，系统把握一因一果、一因多果、多因一果、多因多果、因果转换等复杂情况，如果原因找不到或找不准，舆情就可能平息不了，甚至出现恶化等情况。要提高舆情的鉴别力，在性质上，对于学术讨论问题要支持争论，对于思想认识问题要教育引导；对于意识形态问题要进行斗争；在诉求上，对合理利益诉求要坚决维护，对造谣生事的要以正视听，对恶意攻击要坚决回击；在人员上，对正面的人要支持和维护，对别有用心的人要予以揭露，对中间的人群要进行争取。要通过分析研判知道舆情在哪里，是什么样的舆情，什么时候发生舆情，避免一些细小问题演变成舆情事件、局部问题演变成全局性事件。

（三）掌握舆情主动权

舆情多元、多样、多变，这就要求我们在进行舆情处理时要主动发声、抢占先机、占据主动。学校要坚持以舆情反映或暴露出来的问题为导向，具体问题具体分析，分别采取个性化、分众化、差异化处理，让正确的、主流的、权威的声音说出来、说到位，力求消除舆论"根源"，把握舆论"走向"。要把握好舆论处理的时机、火候、实效，既不能盲目"抢先"，也不能该说的时候"失语"；既不能过度反应"大惊小怪"，也不能麻木不仁"视而不见"；既不能反应迟钝、应付消极，也不能简单粗暴、一删了之。要找准舆情介入的合适时间、合适的方法、合适的语言，顺势而为，正面引导，掌握舆情处理的主动权。

二、建立健全舆情回应机制

根据《中华人民共和国政府信息公开条例》《关于全面推进政务公开工作的意见》《关于在政务公开工作中进一步做好政务舆情回应的通知》等相关规定，学校要完善舆情回应工作机制，对涉及特别重大、突发事件的舆情，要快速反应、及时发声，最迟应在24小时内举行新闻发布会，对其他舆情应在48小时内予以回应。舆情处理作为新时代办学治校中的新生事物，在学校治理结构中尚属空白，这就造成一旦发生舆情，要么"推诿扯皮"，要么"各说各话"，导致舆情处理不及时、不专业，甚至发生放大效应，引发次生舆情。学校要进一步明确舆情回应机构、责任主体、处理流程、回应内容、回应渠道，提高舆情回应效果。

（一）明确舆情回应的机构

学校舆情回应机构为学校党（政）办公室，主要承担同学校宣传部门、上级主管部门、涉事责任部门、媒体部门的协调沟通工作。学校涉事责任部门是第一责任主体，具体负责舆情调查、处理并承担相应责任。学校各部门负责人承担本部门舆情领导责任，具体负责按照学校舆情处理要求做好配合工作。学校设立新闻发言人制度，人员由学校党政班子成员担任，代表学校承担舆情处理信息发布职责。

（二）完善舆情回应程序

当舆情发生后，学校党组织、校委会要进行研判，分清舆情性质、研判舆情程度、发展趋势、涉事主体和相关责任部门，有党（政）办公室协调相关部门进行调查核实、组织回应通稿、向上级部门进行汇报，经学校集体研究批准后再选择合适的回应媒介、回应方式进行回应。对于重大、复杂、涉法等舆情，学校要严把回应内容质量，建立专家先期介入机制，比如，有学校法律顾问对回应内容的合法性进行审查，坚决不能出现违法行为或语言；有媒体方面学者、专家对回应内容科学性、严谨性和表述方式、语言措辞进行审核，避免"自说自话""避重就轻""画蛇添足""态度生硬"引起争议，引发"二次舆情"。

（三）规范舆情回应内容

舆情产生的重要原因之一是信息不对称，人们对事件本身的了解仅限于媒体上得来的碎片信息，其中敏感的人、事、词，引发了人们共情，激发了人们了解事情因果、探究事件真相的心理。学校在舆情回应内容上要务必客观、真实、全面、准确，对于原因的解释、主观的结论、推测的判断要尽量减少，对于辟谣澄清型舆情回复要通过切实证据来正视听，避免出现失语、遗漏、虚假、回避、推脱责任或模糊不清的回答，否则，各种猜测、谣言、小道消息就会"满天飞"，引发次生舆情。舆情的移动化、社交化、可视化的趋势决定了舆情回应的内容不同于其他公文、报告、发言，具有严谨性、简明性、通俗性的话语特点。学校要按照受众的思维方式和话语习惯，用听得懂、听得进、听得明白、乐于接受和易于理解的语言，提高回应的影响力、感召力、亲和力、说服力、引导力，避免出现大话、官话、套话、歌功颂德的话，更不能出现抄袭、雷同等现象。

（四）选择舆情回应方式

学校可以根据舆情性质、发展程度、影响范围等因素选择差异化的回应方式。对于诉求明确的舆情，可以通过特定人群的面对面座谈、沟通等方式对反映的问题进行说明、解释、回应，互通信息，消除误解、冲突和对立。对于质疑等关注度高的舆情，可以通过网站、微信、微博、短视频等媒体平台公开回应，积极争取社会理解和支持。对于谣言、不实信息、涉法涉权等影响较大的舆情，可以通过新闻发布会、官方媒体、商业媒体、自媒体等方式发布真相、澄清谣言、回应关切、介绍进展、公布结果，加强传播，强化引导。

三、建立健全舆情处理机制

舆情处理对学校管理提出新的挑战，通过对近些年涉校、涉教舆情处理的总结分析，从中不难发现舆情发展往往经历引发、传播、爆发、衰退的演变过程，每一个阶段的特点不同，应对的准则、处置的方法也不尽相同。学校要把握好舆情发展关键节点，采取差异化的科学方式及时进行引导和干预，及时阻断舆情发酵，避免舆情不断升级、导致量变引发舆情性质的质变。

（一）舆情引发阶段

舆情引发阶段人们的意见、诉求只是个体表达，零星散布在微信、微博、网站等，关注的人数有限，尚没有引起社会广泛关注，公众集中转发和议论。学校如果对这些"星星之火""导火索"麻木不仁、熟视无睹、听之任之、任其发展，有可能出现引发集中关注、广泛传播的"燎原""井喷"之势。在此阶段，学校要及时发现和关注涉及自身的舆情信息，随时掌握网络舆情动态，快速进行调查、核实、澄清、回应、问责和处理，加强和舆情受众意见的沟通、互动，满足人们对探求舆情事件真相的诉求，阻断引发社会公众进一步聚集关注的要素和条件，避免舆情进入传播阶段。特别要注意的是要分清舆情性质，对于别有用心的、混淆视听的、造谣抹黑的、恶意攻击的、有组织的幕后推手、网络大 V、网络炒家要提高警惕，积极回应和揭露，避免不知情的公众被带偏节奏、盲目跟进、过激评论和宣泄情绪。

（二）舆情传播阶段

舆情传播阶段人们的意见、诉求开始被其他公众、媒体、平台转发、爆料，引起了社会面广泛评论，相关关注量、访问量、留言量、点击率会呈现量的线性增长，舆情开始在社会面广泛、自由、迅速传播。在此阶段，学校要积极介入，掌握第一手信息，真实、全面、完整、权威的迅速发布事实真相、调查结果，加强和诉求人、公众的平等对话、沟通交流、合理引导，以免造成舆论被动局面。特别要注意的是对虚假、造谣、攻击的信息，不能失去话语权，要坚持正确的立场、观点、态度，既不能缺位、失位，也不能错位、越位；既要澄清事实、矫正谬误、辨明是非、析事明理，又要敢于激浊扬清、直面问题、触及矛盾、交锋亮剑，及时遏制舆情的进一步发酵。

（三）舆情爆发阶段

舆情爆发阶段人们、公众的情绪被舆情话题、事件激发出来，信息开始通过各种传播渠道迅速扩散，转发、访问、留言、讨论量呈现"爆炸式""井喷式"的几何倍数增长，相关话题成为社会关注焦点。这一阶段显著特点是传统媒体、官方媒体开始以新闻调查、新闻评论、舆情反馈等方式，深度介入、跟进舆情事件，形成网络与现实舆论的互动、自媒体和官媒舆情互动，舆情传播发生了质的变化，开始上"热搜榜"，成为社会热点、焦点。在此阶段，学校要高度重视，形成舆情报告，及时向上级教育行政部门主要领导汇报，加强舆情处理的统一指挥和协调。要组织专家班子、统一制定回应通稿，畅通沟通渠道，坦诚回应舆情关切。组织新闻发布会，及时公布事件进展，加强对舆情的引导，以稳定舆情。特别要注意的是要避免用词不当、虚假失真、含糊其词、态度生硬等，导致激化矛盾、产生次生舆情。

（四）舆情衰退阶段

舆情在经过爆发阶段后，会随着学校及时回应，恰当处理，开始趋于平稳、逐渐平息，不再成为社会关注的焦点、热点，最后淡出人们的视野。在此阶段，学校要把握节奏、顺势而为，在实事求是的基础上对舆情相关责任人进行符合实际、切合公众期待的处理，重建学校公信力；在平等尊重的基础上和舆情诉求人进行思想沟通、情感交流、化解矛盾、形成共识。特别注意的是，要下大力气修复学校受损形象，避免学校舆情事件成为长久性的消极、负面、讽刺的认知概念、标签、符号、段子，给社会认知带来某种程度上的永久影响，以赢得社会的信任、理解和支持。

四、建立健全舆情反思机制

近些年来，中小学校多次发生在全国影响恶劣的重大舆情事件，一次次挑战社会的底线、挑动人们敏感的神经，我们在惊叹舆情对涉事主体伤害之大、在诧异舆情引发的一浪高过一浪的社会关注、在愤怒舆情一次次突破人们的认知底线的同时，也在不断思考，如何从中吸取经验教训，将舆情处理关口前移，加强舆情防范，提升舆情处理的能力。

（一）舆情反思的目的

信息时代，舆情无时不在、无处不在，没有任何一个学校能置身事外。学校要通过对舆情引发的因素、事件、话题反思，省视学校行为，查找工作不足，进一步完善管理制度，优化常态学校管理，提高办学治校、教书育人水平，避免出现违法、违规办学行为。通过对演变过程进行反思，加强部门协同，完善舆情处理机制，强化舆情防范意识，提高舆情素养，抓早、抓小、抓实，尽可能降低重大舆情发生的概率，尽可能把舆情影响降低到最小。

（二）舆情反思的程序

学校要安排党（政）办公室或宣传部门全程关注相关舆情发展，加强舆情信息搜集。待舆情平息后，要对舆情诱因、舆情观点、处理速度、回应质量、处理效果等信息进行复盘和推演，组织党政班子和相关部门、人员进行讨论，总结舆情处理的经验，查找不足，优化学校舆情处理的体制、机制、制度、方案，提升舆情处理的能力。

（三）舆情反思的内容

舆情反思主要反思什么事情、演变情况、今后怎么办三个问题。"什么事情"是指根据舆情的相关新闻报道、自媒体和网民爆料信息，对涉及部门、人员、真相进一步深入详细的全面了解；"演变情况"是指按照舆情发展时间脉络，对舆情传播的途径、信息总量、媒体分布情况、媒体观点、公众态度、舆情影响等进行研判评估；"今后怎么办"是指通过上述反思，找出学校工作中的风险点、舆情处理的关键点，改进学校工作以预防舆情，完善管理机制以妥善处理舆情。

第四节　舆情危机处理的保障机制

学校要完善舆论处理工作机制，培养熟悉传媒特点的工作队伍，提升学校各级领导舆情处理素养，确保在舆情挑战面前赢得主动。

一、坚持党的领导

近些年，舆情形式呈现复杂性、多样性、多发性态势，呈现具体事件和意识形态问题交织、合理诉求和谣言攻击交织、内部人员和社会公众交织等新的特点，总体形式较为严峻，这就决定了舆情处理必须要毫不动摇地坚持党的领导，确保舆情处理有利于贯彻党的教育方针、有利于立德树人、有利于教育事业沿着正确方向发展，这是处理好舆情的根本政治保证和组织保证。学校要建立党组织领导的校长负责学校宣传工作的管理体制，担负起舆情处理主体责任，要守土有责、守土尽责。具体而言，党组织要发挥把方向、管大局、作决策、抓班子、带队伍、保落实的领导责任，是舆情处理的领导力量，坚持把政治标准和政治要求贯穿办学治校、教书育人全过程各方面，做好师生思想政治教育和意识形态工作、加强师德师风和学校精神文明建设，旗帜鲜明、态度坚决的坚持正确政治方向、坚持正确的思想引领、坚持正确的舆论导向、坚持正确的价值取向。学校校长要依法履行对学校教育教学和行政工作的管理责任，是舆情处理的主导力量，要发挥管理职能，加强学校内部管理，做到依法治教、规范办学，畅通民意诉求和监督表达渠道，引导师生家长理性表达、有序参与，增强辨别是非、抵御谣言的能力，从源头消除舆情产生的土壤；要建立健全舆情处理的组织机构，制定舆情处理的规章制度，培养舆情处理队伍的能力，构建舆情处理的立体网络。

二、提升舆情处理素养

舆论生态、受众需求和传播技术的发展迫切需要学校提高舆情处理的素养和能力，以适应新时代舆情发生的深刻变化。学校领导干部要加强学习，掌握党史、新中国史、改革开放史、社会发展史，学会用历史唯物主义和辩证唯物主义的观点来观察和思考问题。提高政治素质，回答好"为谁培养人、培养什么样的人、怎么培养人"的根本问题，牢记坚持为党育人、为国育才的初心和使命，成为新时代的教育家、政治家和国之大者，改变在舆情处理上不想、不敢、不会、不能的被动局面。对舆情反映出来的工作不足、暴露出的问题，要敢于刀刃向内、不掩饰不护短，以"刮骨疗毒"的精神修正错误、改进工作；对舆情中的错误言论、模糊认识，要学会用事实来说话，用证据来证明，辨理明非，不做"墙头草""好好先生""跟风派"，化舆情的"危"为统一思想的"机"；对造谣抹黑、歪曲事实、恶意攻击、别有用心者，要敢于亮剑，坚决回击；对于涉及意识形态、重大政治原则和大是大非问题，要旗帜鲜明、立场坚定，敢于斗争。要提高必备理论水平和专业素养，近些年由于舆情处理关键事实"失位"助长了谣言和虚假信息传播，由于舆情处理立场"失当"引发次生舆情，由于舆情处理表述"错位"导致"火上浇油"，由于舆情处理内容"越位"造成公众不信任等情况屡见不鲜，这些不仅仅是技术层面的问题，更是缺乏理论武装和专业能力的表现。要紧扣舆情关注的核心，坚持将舆情事实放在第一位，将发生了什么、原因是什么、学校态度是什么、我们做了什么、处理进展等情况及时向社会公开，及时对公众质疑、诉求进行回应，赢得公众理解和支持。

三、提高技术保障能力

随着信息技术不断发展和媒介平台的日益丰富，新媒体日益成为社会无处不在的信息源和传播渠道，人人可以爆料，人人可以发言、人人可以传播，学校如果仍然是"闭门办学""埋头教书"，一旦遇到舆情就会处于"踩着西瓜皮"的束手无策、手忙脚乱、被动挨打的局面。魔高一尺、道高一丈，在全媒体时代，学校必须学会"以技术对技术""以平台对平台"，有足够的技术力量来防御和应对汹涌的舆情。学校要建立以互联网为支撑，掌握可视化、互动化媒介传播新技术，建立载体多元多样、渠道多样、形式丰富、覆盖广泛的传播新渠道，用社会容易接受的媒体话语、表达方式、表现手法、传播方式，构建个性化、特色化、差异化的全媒体传播新平台，形成攻防兼备的技术能力。学校领导和教师要会"网技"、知"网事"、懂"网情"，经常"上上网""潜潜水""聊聊天"，学会和主流媒体打交道、和商业媒体去沟通、和自媒体交朋友，一旦发生舆情能第一时间占据舆情处理的主导权，不断提升学校声音的公信力、媒体传播的影响力、正面舆论的引导力。

　　总之，在新的时代，学校会面临很多挑战，能否处理好舆情，事关学校发展、事关学校向心力和凝聚力、事关学校社会形象、事关学生成长，这要求我们要深刻认识舆情处理的重要性和紧迫性，科学把握其内在规律，不断创新理念、内容、形式、方法、手段，提高舆情处理能力，提升学校现代化治理水平。